Das

Handelsgericht

als

Staatsinstitut und als Schiedsgericht.

Praktisch dargestellt

für

Kaufleute

von

Otto Lewald,
Kammergerichts-Assessor.

Berlin, 1845.
Verlag der T. Trautwein'schen Buch- und Musikalienhandlung
(J. Guttentag).

Vorwort.

Diese Arbeit war im verwichenen Jahre bereits begonnen, gleich nach Erlaß der „Verordnung über Anordnung eines Handelsraths und Errichtung eines Handelsamts" und für das Gräff'sche Archiv für Handels- und Wechselsachen bestimmt. Amtsgeschäfte verhinderten ihre Beendigung. Die beabsichtigte Errichtung eines Handelsschiedsgericht für Berlin hat mich zur Wiederaufnahme der Arbeit veranlaßt. Das Interesse für das neue Gericht war in den Vordergrund getreten und bildete das Tagesgespräch. Bei dieser Gelegenheit überzeugte ich mich, daß über die Bedeutung und die Wirksamkeit der Handelsgerichte im Allgemeinen, sowie des Handelsschiedsgericht im Besondern, selbst bei intelligenten Kaufleuten manche vage, zum Theil sogar unrichtige Ansichten vorherrschten. Eben so fand ich, daß man in der allgemeinen Unzufriedenheit mit dem bisherigen Gerichtsverfahren auch nicht anerkennen wollte, daß mannigfache Einrichtungen im Preußischen Staate existiren, welche als Fundament zur Bildung von Handelsgerichten brauchbar und einer Fortentwicklung fähig seien. Ich rechne dahin namentlich die unter der Benennung von „Kommerzkollegien," „Handlungs- und Schiffahrts-Deputationen" und „Meßgerichten" bestehenden Richterkollegien; ferner Vieles, das in den acht Statuten der korporirten Kaufmannschaften, endlich in dem Merkantilprozeß der Gerichts-Ordnung enthalten ist. Allerdings ist dies nur Einzelnes und durch die ganze Gesetzgebung so zerstreut, daß es nur in einer geordneten Zusammenstellung übersehbar wird.

Die Voraussetzung ist wohl nicht gewagt, daß dem Aufrufe der Berliner Börsenältesten zur Bildung eines Schiedsgerichts andere Städte bald nachfolgen werden, und zwar um so gewisser, als vielfache Petitionen an die jetzt versammelten Landtage die Errichtung von Handelsgerichten als dringendes Zeitbedürfniß dargethan haben; allein eben so richtig ist wohl die Annahme, daß die allgemeine Einführung von Handelsgerichten durch den Staat in nächster Zeit kaum zu erwarten steht, weil Handelsgericht und Handelsrecht sich gegenseitig bedingen. Ueber eine eigene Handelsgesetzgebung verlautet aber noch Nichts.

Mit Aufgebung des ursprünglichen Plans benutzte ich daher die längst gesammelten Materialien zu der vorliegenden Brochüre. Ihr Zweck geht dahin:

1. Die Wirksamkeit der Handelsgerichte im Allgemeinen darzustellen, und zwar in der doppelten Form als Staatsinstitut und als Schiedsgericht;
2. eine vollständige Zusammenstellung dessen zu geben, was in Preußen an brauchbaren Elementen zu Handelsgerichten bereits besteht; um daraus nachzuweisen, auf wie einfache Art diese Umbildung möglich sei und daß die Regierung um so bereitwilliger hierzu die Hand bieten werde, je ferner die allgemeine Einführung von Handelsgerichten noch sein möchte;
3. da, wo die Errichtung von Handelsschiedsgerichten beliebt wird, wo also der Handelsstand mit Umgehung des Gouvernements sein eigener Gesetzgeber wird, dem Kaufmann einen Anhalt zu bieten zu selbstständigem und sachgemäßem Urtheil in dieser wichtigen Angelegenheit. Es ist dabei stete Rücksicht auf den Berliner Entwurf genommen.

Der ausgesprochene Zweck gebot von selbst eine strenge Festhaltung des praktischen Gesichtspunkt.

Berlin, am 24. März 1845.

Einleitung.

Seit Gans unser Handelsrecht für „todtgeboren" erklärt hat, weil ihm die Kraft nicht beigegeben sei, leben zu können, das heißt, sich durch die Erscheinungen, welche jeder Tag ihm bringe, verstärken zu können, und darauf sein schlagendes Axiom gegründet hat: „Ohne Handelsgericht kein Handelsrecht," ist dies — verstanden oder nicht verstanden — von allen denen zum Stichwort gewählt worden, welche mit dem herrschenden Zustande in Handels-Prozeßsachen unzufrieden sind. Es ist dies kein Fehler; gegentheils führt es das Gute mit sich, daß Alle, welche dem neuen Glaubenssatze anhängen, ein äußerlich erkennbares Zeichen, ein Symbol gefunden haben, um das sie sich schaaren; und die Regierung, wenn sie die Wünsche und Bedürfnisse ihrer Staatsbürger vernehmen will, nur ein arithmetisches Rechenexempel anzustellen braucht, um zu sehen, wie viele Symbolsbekenner mit dem alten Zustande unzufrieden sind. Geht es in allen übrigen Dingen doch eben so: der Inquisitions-Prozeß hat sich überlebt, und „Oeffentlichkeit und Mündlichkeit" ist das Symbol für alle diejenigen geworden, welche eine Aenderung wünschen. In gleicher Art ist es mit unserm ganzen öffentlichen Zustande: man fühlt sich der Bevormundung des Polizeistaates vielfach entwachsen und „Freiheit" ist das Losungswort geworden, unter welchem die Anhänger des neuen Glaubens sich erkennen. Ein geachteter und moderner Schriftsteller hat es treffend ausgesprochen: „Wie zur Zeit der Minnesänger in Deutschland in dem Wort der Liebe und in dem Geheimniß des Waldes das ganze Dasein sich erschöpfen wollte, so heut in dem Wort der Freiheit, in welchem die Zeit das schönste und tiefste Geheimniß der Geschichte zu ergreifen strebt."

Aber die große Menge versteht nicht den tiefen Sinn ihrer Symbole. Zur Freiheit rechnet sie auch Zügellosigkeit und Willkühr; Oeffentlichkeit und Mündlichkeit des Strafverfahrens ist ihr identisch mit der Jury, die Jury gleichbedeutend mit dem Volksgericht; und daß es auch bei der Oeffentlichkeit einen im Geheim vorarbeitenden Instruktionsrichter giebt, und daß bei der Mündlichkeit auch gar noch Etwas geschrieben wird: das glauben sie nun ein für allemal nicht.

Genau so geht es mit dem Verlangen nach Handelsgerichten. — Von den verschiedenen Abstufungen der Handelstribunale, beginnend mit einem vollständigen Richterkollegium von Rechtsgelehrten, denen technische Mitglieder nur mit berathender Stimme beigegeben sind, übergehend zu einem aus Richtern und Kaufleuten mit gleichem Stimmrechte zusammengesetzte Kollegium, und endend mit einem aus Kaufleuten, ohne irgend welche juristische Beihülfe, bestehenden Handelsgerichte: von solchen Abstufungen weiß die große Masse der Unzufriedenen wenig mehr als Nichts. Ja, den Meisten ist es nicht einmal ganz klar, ob die Handelsgerichte eigentlich nach feststehenden Normen erkennen oder ob das Billigkeitsprinzip das vorherrschende Element ist; mit einem Worte, das Handelsgericht erscheint einer großen Zahl, um nicht zu sagen, der Mehrzahl der Laien, als Schiedsgericht; und das Schiedsgericht ist nach ihren Begriffen ein Schiedsmanns-Institut, das heißt, das Rechtselement ist aufgehoben und die Handelsusance — von ihnen Billigkeit, von andern Willkühr genannt — führt die Herrschaft.

Man wende nicht ein, daß mit diesem absprechenden Urtel der großen Menge hochgebildeter Männer des Kaufmannsstandes zu nahe getreten sei, welche selbst die Zierden jedes Handelstribunals sein würden und vor Allen befähigt erscheinen, der Handelsgesetzgebung mit ihrer Erfahrung, ihrer Sachkenntniß und ihrer Einsicht hülfreich zur Seite zu stehn: es kann Niemand mehr als ich selbst Achtung haben vor jenen erleuchteten Männern. Aber ich bin gewiß, daß gerade diese selbst das obige Urtel über die große Mehrzahl als richtig bestätigen werden. Es wird daher mindestens für eine zeitgemäße Arbeit gelten, in kurzen Umrissen zu zeigen, was die Aufgabe der Handelsgerichte sei, welche Organisation des Handelsgerichts dieser Aufgabe am besten entspreche, und wie weit die jetzt bestehende Gerichtsverfassung in Preußen sich jenem Ziele nähere oder doch — ohne gänzliche Umstoßung des Bestehenden — ihm näher gebracht werden könne.

Allgemeiner Theil.

§. 1.

Entstehungsgeschichte der Handelsgerichte.

Die Einrichtung der Handelsgerichte, offenbar italienischen Ursprungs wie alle Handelsinstitute und namentlich das Wechselrecht, geht bis ins 11te Jahrhundert zurück. Die Rechtslehrer nehmen an, daß in Pisa das erste Tribunal dieser Art errichtet sei und, vom Handelsstande selbst errichtet, eine Bestätigung von der Obrigkeit erhalten habe. Papst Gregor VII. bestätigte das Seerecht von Pisa, aus welchem das Consolato del mare hervorgegangen ist. Hier heißt es im ersten Capitel:

> Die guten Seemänner, Schiffer und Schiffsvolk pflegen jährlich am Weihnachtstage um die Vesperzeit sich entweder Alle oder größtentheils an einem von ihnen gewählten und bestimmten Ort zu versammeln; und wenn sie daselbst sämmtlich oder der größte Theil von ihnen beisammen sind, ernennen sie, nicht durchs Loos, sondern durch eine Wahl, zwei gute Männer, die in der Schifffahrtskunst wohl erfahren sind, zu ihren Consuln, und einen Andern von demselben Gewerbe zum Appellationsrichter. An diesen appelliren sie von den Urtheilen besagter Consuln.

Diese Consulargerichte, ursprünglich nur für Seerechtsprozesse gebildet, bilden sich im Mittelalter bald in allen bedeutenden Seestädten. Einzelne, wie das von Barcelona und Genua, erhalten große Berühmtheit, und ihre Entscheidungen gelten als Norm für andere Gerichte. Dagegen ist's Frankreich, wo zuerst ein wirkliches Handelsgericht vom Staate ernannt wird, in einem Edikt von 1563. Die Hanse hatte schon 1447 ein Handelsgericht und die Vorsteher hießen Aldermann. Im 17ten Jahrhundert forderten sogar die Reichsabschiede die deutschen Fürsten auf, Handelsgerichte zu ernennen. Von daher leiten die Handelsgerichte zu Nürnberg und Leipzig ihren Ursprung ab. In Frankreich erkannte man ihre Nothwendigkeit und Unabhängigkeit so sehr, daß die französische Revolution, als sie alle Ausnahmejustiz aufhob, gleichwohl durch ein Gesetz vom Jahr 1790 die Handelsgerichte bestehen ließ. Für die Neuzeit sind von besonderer Wichtigkeit die nach dem code de commerce gestifteten, mit dem 1. Januar 1808 *) in Wirksamkeit tretenden Handelsgerichte in Frankreich und am Rhein, weil nach ihrem Muster viele andere eingerichtet sind; und dann vornämlich das am 3. August 1815 zu Hamburg errichtete Handelsgericht. Sie sind in ihrer Organisation wesentlich verschieden. Ehe man sich aber ein Urtel bilden kann, welchem von beiden der Vorzug zu geben, oder wie, von ihnen abweichend, ein neues Gericht zu bilden sei, muß man sich vorerst über den Zweck und die Aufgabe der Handelsgerichte überhaupt verständigen.

§. 2.

Das Handelsgericht ist entweder ein Staatsinstitut oder ein Schiedsgericht, entscheidet in beiden Fällen aber nach Recht, nicht nach Billigkeit.

Ueber die eigentliche Natur von Handelsgerichten herrschen bei Vielen unklare Begriffe. Der Handel beruht seinem innersten Wesen nach auf Vertrauen; daher kommt's, daß nicht selten Kaufleute, wenn sie in Streit gerathen, sich dem Ausspruche eines dritten geachteten Kaufmannes unterwerfen, welcher mit Uebergehung aller und jeglicher Formalität seine Entscheidung ausspricht,

---

*) Décret du 15. September 1807. Les dispositions du Code de Commerce ne seront exécutoires qu'à dater du 1. Janvier 1808.

der beide Theile sich willig unterziehen. Theils diese Gewohnheit, mehr aber noch der Umstand, daß in den Handelsgerichten Kaufleute zu Rath sitzen, daß die Entscheidungen schneller und sachgemäßer als vor den ordentlichen Landesgerichten getroffen werden, haben bei nicht Wenigen den Glauben erzeugt, daß das gefürchtete, schwerfällige Buchstabenrecht, wie sie es nennen, aus den Handelsgerichten verbannt sei und nur nach Billigkeit entschieden werde. Wer aber nach Billigkeit entscheidet, den nennen sie einen Schiedsrichter; und somit ist durch diese oder ähnliche Folgerungen der Glaube entstanden, das Handelsgericht sei eine Art Schiedsgericht. Das ist aber zwiefach unrichtig. Einmal sind die Handelsgerichte der überwiegenden Mehrzahl nach Staatsinstitute, das heißt, vom Staat organisirte Gerichte zur Entscheidung der Handelsstreitigkeiten, und nur in den seltensten Fällen Schiedsgerichte, das heißt, von den streitenden Parteien für jeden einzelnen Fall oder schon zum Voraus ein für alle mal erwählte Richter. Sodann aber bleiben auch die erwählten Handelsschiedsrichter immer Richter, welche nach feststehenden Normen und Rechtssätzen zu entscheiden haben. Sie werden niemals Schiedsmänner. Dieser Unterschied ist bedeutend. „Dem Schiedsmann steht kein Recht der Entscheidung zu; er soll die Parteien, welche sich mit ihren streitigen Angelegenheiten an ihn wenden, in Güte zu vereinigen suchen. Er hat sich daher auch aller Zwangsmaßregeln gegen dieselben zu enthalten, namentlich darf er weder den Kläger noch den Verklagten unter Androhung von Strafen vorladen. Erscheint eine Partei auf seine Vorladung nicht, so ist anzunehmen, daß sie sich auf seine amtliche Vermittelung nicht einlassen will."*) Diese Vorschrift, welche allerdings nur eine singuläre Bestimmung für die im Preußischen Staate angeordneten Schiedsmänner ist, enthält gleichwohl so treffend die ganze Natur und den wahren Charakter eines Schiedsmannes überhaupt, daß sie unbedingt als Gattungsbegriff gelten

*) §. 3 der Instruktion für die Schiedsmänner in den Provinzen Preußen, Schlesien, Brandenburg, Sachsen und Pommern vom 1. Mai 1841. Justiz-Ministerial-Blatt für 1841, S. 232.

kann. Es wäre auch nichts geändert, wollte man dem Schiedsmanne ein Zwangsrecht einräumen, seinen Vorladungen Folge leisten zu müssen, wenngleich dieses Zwangsrecht selbst schon eine Inkonsequenz wäre. Seine Aufgabe ist, in Güte den Streit zu schlichten; nun schließt aber begriffsmäßig die Güte den Zwang aus und man kann Niemand zwingen wollen, sich zur gütlichen Ausgleichung einzufinden, wenn der Erschienene sein strenges Recht statt der angebotenen Güte zu fordern berechtigt bleibt. Und hierin wird nichts geändert, wenn man die Gesetzesworte Güte in Billigkeit übersetzt. Selbst Güte und Billigkeit zusammen, sie galten zwar als bonum et aequum den alten Römern für justitia, uns Modernen aber ist nur mit einem Shylock'schen Zwangsrechte gedient. Und in der That ist Billigkeit ein so vager Begriff, daß eine auf Billigkeit gegründete Entscheidung meisthin beide Theile nicht zufrieden stellt, während dem Rechtsurtel höchstens Eine Partei sich abhold zeigt. Darum muß der Schiedsrichter nicht nach Billigkeit, sondern nach Recht entscheiden. Folgt dies schon aus allgemeinen Prinzipien, so ist es obenein im Preußischen Staate ausdrücklich vorgeschrieben. Es verordnet die Allgemeine Gerichts-Ordnung Theil I. Tit. 2 §. 171 wörtlich:

> Die Schiedsrichter müssen sowohl bei der Erörterung, als bei der Entscheidung der Sache, die wesentlichen Vorschriften der Landesgesetze befolgen.

§. 3.

Vor dem Handelsgerichte gilt neben dem Landesgesetze noch das Gewohnheitsrecht. Ueber die Natur des Gewohnheitsrechts und der Handelsüsance als einer Art derselben.

Es könnte nach der Ausführung im vorigen Paragraphen fraglich werden, welcher Unterschied denn in materieller Beziehung zwischen den ordentlichen Landesgerichten und den Handelsgerichten bestehe, wenn auch die Letztern nach den Vorschriften der Landesgesetze zu entscheiden gehalten sind? Der Unterschied ist ein sehr wesentlicher. Das Handelsgericht entscheidet neben den Landesgesetzen auch nach Gewohnheitsrecht, welches, insoweit es Handelsgewohnheiten zum Gegenstande hat, Handelsüsance genannt wird. Der ordentliche Richter darf aber in den meisten Fällen eine Gewohnheit nicht als Norm für seine Entscheidung betrachten, indem er durch das geschriebene, vom Gesetzgeber publicirte Recht gebunden ist.

Gleichwohl ist das Gewohnheitsrecht ein wirkliches Recht; und es ist, obschon ein sehr verbreiteter, so doch ein ganzer falscher Begriff, in der Handelsüsance, so wie in der Uesance oder dem Gewohnheitsrechte im Allgemeinen, nur eine Billigkeit zu sehen. Das Recht selbst ist kein unwandelbarer Begriff; es unterliegt dem Zeitgeiste wie jede andere menschliche Satzung, wenn es auch göttliches Recht genannt wird; es ist der Fortbildung fähig; in der Fortbildung aber liegt Wechsel und Abänderung. Und wohl uns, daß wir heute kein Recht des Herrn über Sklaven mehr kennen; daß wir das einst unbestrittene Recht eines Inquisitions- oder Ketzergerichts als fluchwürdig verabscheuen und daß wir im Begriffe stehen, alle angeborenen Vorrechte als Gewalt und Unrecht zurückzuweisen! Ist der Rechtsbegriff sonach wandelbar, so liegt es in der Aufgabe des Gesetzgebers, dasjenige als Recht zum Gesetz zu erheben, was der urtheilsfähigen Mehrzahl der Staatsbürger als Rechtswahrheit gilt. Dies der Grund, warum Gesetze und Gesetzbücher sich überleben und veralten. Naturgemäß bilden diese veränderten Rechtsansichten sich nur langsam und sehr allmählig aus und der Gesetzgeber muß lange Zeit beobachten, ehe er durch Verordnungen dasjenige zum Gesetz erheben kann, was die Majorität der betreffenden Individuen durch fortdauernd gleichartige Handlungen bereits längst als verbindliche Norm für sich betrachtet hat. Es giebt schlagende Beispiele dafür. Unser Landrecht ist gegen Ende des vorigen Jahrhunderts verfaßt. Der Buchhandel war damals noch in seiner Kindheit und der alte würdige Nicolai übte den Haupteinfluß aus bei Redaktion der schwierigen Materie über das Verlagsrecht. Die Rechte des Schriftstellers waren dem Verleger gegenüber wenig vertreten und so entstand die landrechtliche Theorie, welche ein geistiges Eigenthum des Autors nicht kennt. Der Buchhandel und die Literatur erhielten aber bald einen Umschwung, dem die alten Gesetze nicht mehr anpaßten. Der Autor, der für sein Geistesprodukt Schutz wollte, fand keinen. Nur das Eigenthum an dem körperlichen Manuskript wurde ihm zuerkannt. Das Rechtsbewußtsein aller Betheiligten forderte laut gesetzlichen Schutz für das geistige Eigenthum, aber ihre Forderung verhallte ohnmächtig. Erst als der höchste Gerichtshof, das Geheime Ober-Tribunal in einem eklatanten Falle diese Schutzlosigkeit aussprach und durch den Druck veröffentlichte, schritt die Gesetzgebung ein durch das Gesetz vom **11.** Juni **1837** zum „Schutz des Eigenthums an Werken der Wissenschaft und Kunst.“ Volle **40** Jahre mußten vergehen, ehe das, was als rechtlich und sittlich von allen Betheiligten anerkannt war, vom Gesetzgeber zum Gesetze erhoben ward.

In solchen Fällen und in allen ähnlichen hat sich dann naturgemäß unter allen Rechtlichgesinnten eine Gewohnheit gebildet, welche als Norm ihres Handelns, als moralisches Gesetz, für sie gilt. Und hier tritt der Fall ein, wo das Gesetz ein Schutzmittel für den Unlautern wird, der mit Shylock sagt: „Ich will den Schein, nichts gegen meinen Schein!“

Kann aber nach dem eben Entwickelten der Gesetzgeber nicht eher legislativ einschreiten, als bis ein dringendstes Bedürfniß dazu vorhanden ist — und dies kann naturgemäß erst sehr spät in die höchste Rechtsregion hinaufdringen; hat anderer Seits ebenso naturgemäß sich längst vorher eine Gewohnheit als feststehende Norm ausgebildet, an welchen der Rechtliche, Moralisch-Gesinnte sich gebunden glaubt, während der Betrüger sie verlacht, so bleibt nichts übrig, als der Gewohnheit, das ist

> derjenigen Norm, welche die Majorität der Betheiligten durch nicht versteckte, gleichartige, im Ganzen ununterbrochene Handlungen als für sie verbindlich zu erkennen gegeben hat, *)

bindende Gesetzeskraft beizulegen. Dies ist denn auch thatsächlich in einigen Ländern geschehen. Manche Gesetzgebungen verweisen ausdrücklich den Richter auf das geltende Gewohnheitsrecht und dies gilt namentlich von denjenigen deutschen Ländern, in welchen

---

*) So definirt Thibaut das Gewohnheitsrecht in seinem Systeme des Pandekten-Rechts. 8. Auflage. §. 18.

kein eigenes Gesetzbuch publicirt ist, die vielmehr nach dem sogenannten „Gemeinen Recht" leben, das ist das alte Römische Recht mit denjenigen Umänderungen, die der Gerichtsgebrauch allmählig daran herausgebildet hat. Indessen Ein Grundsatz ist es, der durchgreifend in allen Gesetzgebungen anerkannt ist, welche dem Gewohnheitsrecht verbindliche Kraft beilegen, daß es nur da von Wirksamkeit ist, wo es nicht gegen ausdrückliche Landesgesetze verstößt, vielmehr nur Bestimmungen trifft, die neben d. h. nach den Landesgesetzen bestehen können. Der technische, den Fachjuristen geläufige Ausdruck ist dafür: die observantiae contra legem sind ungültig, die observantiae praeter legem sind verbindlich.

Ein Beispiel wird dies erläutern:

Nach Preußischem Rechte müssen Verträge über Gegenstände von mehr als 50 Thaler schriftlich abgefaßt werden, um verbindliche Kraft zu haben. Keine dagegen sich herausbildende Gewohnheit, und wäre sie noch so alt und noch so allgemein, würde jemals von Gültigkeit sein. Es wäre eine Observanz contra legem. Das Gesetz verbietet die Klage daraus.

Das Preußische Recht verordnet ferner: „Bei gesetzlichen Zeitbestimmungen wird der Tag von Mitternacht bis zu Mitternacht gerechnet." Wenn bei Lieferungsgeschäften auf Zeit, nach hiesiger Börsenüsance, die Kontrahenten gleichwohl nur bis Mittags 1½ Uhr sich über Abnahme oder Lieferung erklären dürfen, mithin den Tag von 1½ bis 1½ Uhr Mittags statt von Mitternacht zu Mitternacht rechnen, so ist dies eine neben dem Gesetze geltende Gewohnheit, ein observantiae praeter legem, welche — insoweit nach Preußischem Rechte Gewohnheit überhaupt Rechte erzeugen könnte — verbindlicher Natur wäre; denn das Gesetz hat eine abweichende Abrede der Parteien nirgend verboten.

Dies wird zur Erläuterung der allgemeinen Grundsätze vom Gewohnheitsrecht genügen. Ob und inwieweit in Preußen dem Gewohnheitsrecht verbindliche Kraft beigelegt ist, wird weiter unten abgehandelt (§. 6.).

§. 4.

Nothwendigkeit der Zusammensetzung des Handelsgerichts aus Rechtsgelehrten und aus Kaufleuten.

Aus den zweifachen Rechtsmaterien, auf welche das Urtel

des Handelsgerichts zu bauen ist, ergiebt sich von selbst, daß das Handelsgericht aus andern Personen zu bilden ist, als die gewöhnlichen Gerichtshöfe. Der Rechtsstreit ist zu entscheiden nach dem publicirten geschriebenen Recht und zu gleicher Zeit nach dem nicht publicirten, ungeschriebenen Recht, das durch Gewohnheit sich herausgebildet hat. Jenes ist eine Kunst, die nur der wissenschaftlich gebildete Jurist mit Sicherheit ausüben kann; dies eine Wissenschaft, welche nur der Handeltreibende selbst, der Kaufmann, sicher und kunstgerecht zu beurtheilen versteht. Dadurch ist von vornherein ein gemischtes, aus Kaufleuten und Juristen zusammengesetztes Gericht, durch innere Nothwendigkeit bestimmt. In weiterer Folge ergiebt sich daraus, daß, wie verschiedener Ansicht man auch über die zweckmäßigste Art der Zusammensetzung sein möge, in allen Fällen diejenigen Handelsgerichte mangelhaft und unzureichend sein müssen, in welchen eines der beiden Elemente, das kaufmännische oder juridische, zu schwach vertreten ist und daher die nöthige Geltung sich nicht verschaffen kann. Beispiele nach beiden Seiten hin liegen vor und bethätigen den aus theoretischen Gründen entwickelten Satz.

§. 5.

Historische Darstellung, wie verschiedenartig die Handelsgerichte in den einzelnen Ländern zusammengesetzt sind; und welches die sachgemäßeste Form derselben ist.

In Frankreich, und nach deren Muster auch in den Rheinprovinzen, bestehen die Handelsgerichte allein aus Kaufleuten.*) Ihre Mangelhaftigkeit ist anerkannt; und in den Jahren 1835 und 1838 sind über ihre Aenderung weitläufige Debatten in der Deputirtenkammer gepflogen worden, die jedoch zu keinem Resultate geführt haben. Am Auffallendsten aber ist die Unzweckmäßigkeit eines aus Kaufleuten bestehenden Handelsgerichts in Holland anerkannt, wo die Handelsgerichte im Jahre 1835 ganz und gar

---

*) Es verordnet der code de commerce Art. 618. Les membres des tribunaux de commerce seront élus dans une assemblée composée de commerçans notables, et principalement des chefs des maisons les plus anciennes et les plus recommandables par la probité, l'esprit d'ordre et d'économie.

aufgehoben sind. *) Bei solcher Gelegenheit sind dann alle diejenigen Gründe hervorgehoben, welche überhaupt gegen Handelsgerichte geltend gemacht werden. Sie gehen im Allgemeinen dahin, daß selbst die gescheutesten Kaufleute nicht geübt seien, die gerade in Handelssachen oft sehr feinen juristischen Punkte des Gesetzbuchs herauszufinden und zur Anwendung zu bringen, und daß dadurch zu leicht der nöthige Rechtsschutz entbehrt werde; daß anderer Seits der Handel in seinen vielfachen Verzweigungen eine so vielseitige, umfassende Sachkenntniß erfordere, daß ein einzelner Kaufmann unmöglich sachgemäß über alle vorkommenden Fälle urtheilen könne; daß der Großhändler die Verhältnisse des en détail Verkäufer, der Banquier die Geschäfte des Getreidehändler, dieser wieder nicht die Verhältnisse des Waarenhändler beurtheilen könne und daß daher, wolle man nach Beseitigung der Juristen, als Entgelt mindestens ein wahrhaft sachverständiges Richterkollegium haben, ein Handelstribunal für jeden besondern Geschäftszweig angeordnet, oder eingeräumt werden müsse, daß auch bei dem Handelsgericht die Beisitzer nicht im Besitze aller nothwendigen handelsrechtlichen Kenntnisse seien. Die Gegner der Handelsgerichte greifen aber auch die Unparteilichkeit der Handelsbeisitzer an, indem nach ihrer Ansicht die Kaufleute, welche einen gewissen Handelszweig treiben, zu leicht eine Vorliebe für ihr Geschäft hätten, wodurch sie die Verhältnisse Anderer mit einer nachtheiligen Befangenheit beurtheilten. Diejenigen z. B. welche Kommissionsgeschäfte betreiben, gewöhnten sich leicht daran, die Befugnisse der Kommissionärs zum Nachtheile der Kommittenten zu weit auszudehnen. Auch hat man angeführt, daß die Handelsrichter, welche selbst kaufmännische Geschäfte betreiben, häufig in der Lage sein würden, ein Interesse bei der Entscheidung gewisser Rechtsfragen zu haben, da sie ähnliche Streitigkeiten, wie die vorliegenden, zu besorgen hätten, und daher wünschen müßten, daß die Frage auf eine gewisse, ihren Interessen günstige Weise entschieden würde. **)

---

*) s. die Gründe dafür in Mittermaier's und Zachariä's Zeitschrift für ausländische Gesetzgebung Band IX. Nr. XXIX. Seite 451.

**) s. Mittermaier's Aufsatz über Handelsgerichte in dem Staats-Lexikon von v. Rotteck und Welcker Band 7 Seite 337 ff.

Diese letzteren Gründe sind namentlich den Redaktoren des Preußischen Landrechts von so großer Wichtigkeit erschienen, daß sie um deßhalb jedem Gewohnheitsrechte, nicht bloß in Handelssachen, durchweg eine verbindliche Kraft abgesprochen haben (darüber §. 6.).

Man hat endlich angeführt, daß, Beispielsweise, bei großen Konkursen das Handelsgericht, ganz oder doch theilweise, direkt oder indirekt wesentlich dabei betheiligt sein könne und daß man von einem solchen Kollegium keine Unparteilichkeit zu erwarten habe.

Allein alle diese Gründe beweisen höchstens den Satz, der keines Beweises bedarf, daß alle menschliche Einrichtung ihre Mängel hat; nimmermehr aber sind sie geeignet, die Handelsgerichte als unzweckmäßig zu beseitigen und ihre Aufhebung, nach holländischem Vorgang, zu rechtfertigen. Gegentheils folgt daraus nur, daß gegen die angedeuteten Gefahren, deren Vorhandensein kein Vorurtheilsfreier bestreiten wird, ein Gegengewicht gesucht werden müsse, welches naheliegend sich vorfindet, einmal in der Verbindung mit studirten Rechtsgelehrten, dann aber in der Befugniß der Parteien, einen Theil der kaufmännischen Handelsrichter zu verwerfen, oder wie der mildere technische Ausdruck es nennt, zu rekusiren.

Es ist in der Einleitung bereits bemerkt worden, daß die Handelsgerichte der verschiedenen Länder, nach allen Abstufungen und den feinsten Nüancirungen, aus Kaufleuten und Juristen zusammengesetzt sind. Während daher die bisherige Darstellung in der Schilderung des Französischen und Rheineschen Handelsgerichts das eine Extrem zur Anschauung brachte, müßte als Gegensatz ein Handelsgericht aufgestellt werden, welches nur aus Juristen besteht. Dies wäre aber die Negation des Begriffs, d. h. es ist eben alsdann kein Handelsgericht. Wohl aber giebt es Einrichtungen, welche hart anstreifen an die beiden Extreme. Spanien und Preußen — sonderbare Verwandschaft! — liefern das Bild dazu. Dort ist das allein aus Kaufleuten bestehende Handelsgericht befugt, einen rechtsgelehrten Advokaten in die Sitzung zu berufen und sein Gutachten zu vernehmen;*) hier soll dem Instruenten

*) Mittermaier am angegebenen Orte citirt codigo Art. 1178. 1183. 1195.

„ein geübter und erfahrner Kaufmann, welcher auch sonst wegen seiner Ehrlichkeit (!) und Rechtschaffenheit in gutem Ansehen steht, als Gehülfe (!) beigegeben werden"*) und „das Gericht soll auf sothanes Gutachten, insofern es mit vernünftigen, der Sache gemäßen, und aus kaufmännischer Wissenschaft und Erfahrung hergenommenen Gründen versehen ist, bei Entscheidung der Hauptsache gehörig achten"**). Hier und dort aber ist's eben nur ein Gutachten, das die Richter verwerfen können; hier, wenn ihnen die Gründe des „ehrlichen" Kaufmanns nicht „vernünftig" scheinen; dort, wenn die Richter die Verantwortlichkeit für ihre von dem Advokaten-Gutachten abweichende Rechtsansicht übernehmen wollen.***)

Von den bloß begutachtenden Beisitzern kommt man, eine Stufe weiter, zu denjenigen Einrichtungen, bei welchem zwar das Richterkollegium überwiegend dem Kaufmanns- oder dem Juristenstande angehört, in welchem aber auch die in der Minderzahl vorhandenen Richter des andern Standes ein volles Stimmrecht haben. Dies zeigt sich in den Handelsgerichten von Württemberg und Hamburg. Dort soll nach einer Bestimmung vom 15. September 1822 in allen Instanzen, zur Entscheidung schwieriger Handelssachen, ein Kaufmann mit Stimmrecht zugezogen werden; hier besteht zwar das Gericht aus Kaufleuten, aber der Präsident ist ein Jurist. Diese letzte Einrichtung scheint in der That allen Ansprüchen zu genügen, und nicht ohne Grund erfreut sich das Hamburger Handelsgericht eines geachteten Rufes. Errichtet in Gemäßheit Rath- und Bürgerbeschlusses vom 3. August 1815, besteht es aus einem Präses, einem Vicepräses, die beide graduirte Juristen sind, aus neun kaufmännischen Richtern, einem Aktuar und einem Aktuariatssubstituten. Es theilt sich in zwei Kammern, deren jede wöchentlich zwei Sitzungen hält. Jede ordentliche Sitzung besteht aus drei Richtern, nämlich aus einem juristischen Präsidenten und zwei Kaufleuten. In der ersten Kammer präsidirt

*) Allg. Gerichts-Ordnung Th. I. Tit. 30. §. 3.

**) ibid. §. 6.

***) Dies soll, nach Mittermaier, vorgeschrieben sein in dem spanischen Gesetze über die Procedur von Handelsgerichten vom 24. Juli 1830. Art. 52.

der Präses, in der zweiten der Vicepräses. In einer Kammer führt der Aktuar, in der andern der Aktuariatssubstitut das Protokoll.*)

Mag man immerhin ein anderes Zahlenverhältniß zwischen den rechtsgelehrten und den kaufmännischen Richtern für angemessen erachten: soviel wird feststehen, daß einerseits Kaufleute, nicht bloß mit berathender, sondern mit voller entscheidender Stimme, ebenso nothwendige Faktoren eines Handelsgerichts sind, als andererseits das entscheidende votum von Juristen, ja, ich spreche es offen aus, die Leitung eines rechtsgelehrten Vorstandes nicht entbehrt werden kann. Es ist das einzige Mittel, den Prozeßgang richtig zu leiten und die Entscheidung in den Grenzen eines wissenschaftlichen Urtheils festzuhalten.

Besonderer Theil, Preußen betreffend.

§. 6.

Das Preußische Landrecht spricht dem Gewohnheitsrecht jede verbindliche Kraft ab und macht schon um deßhalb Handelsgerichte unmöglich.

Wendet man von diesen allgemein gültigen Sätzen, wie sie in den vorstehenden Paragraphen entwickelt sind, seinen Blick speciell auf unser Vaterland, so stößt man vorweg auf das traurige Verbot, welches jedem Gewohnheitsrecht Gültigkeit und Leben abspricht. Damit ist theoretisch schon die Unmöglichkeit von Handelsgerichten dargethan. Immer ist jedoch dabei nur von den altländischen Provinzen die Rede; die Rheinlande haben bekanntlich Handelsgerichte und ihr eigenes Recht, das sie mit so heiligem Ernst gegen alle Neuerungen festzuhalten streben, daß ihnen in diesem Punkte gewiß nicht der Vorwurf der Neuerungssucht, der instruktiven Tendenz, des Umsturzes alles Bestehenden und wie

*) Meno Poehls Darstellung des gemeinen deutschen und des hamburgischen Handelsrechts für Juristen und Kaufleute. Hamburg 1828. Bd. 1. S. 361

sonst die Lieblings-Stichwörter der konservativen Partei heißen mögen, gemacht werden kann; sie sind in Vertheidigung ihres öffentlichen und mündlichen Rechtsverfahrens so konservativ, wie es nur von dem loyalsten Unterthan gefordert werden mag.

Die Redaktoren des Landrechts wähnten in ihrer weitläufigen Kasuistik alle Fälle zu umfassen, welche das Leben dem Richter zur Entscheidung vorführen könnte, und haben deßhalb voran in der Einleitung*) jedem Gewohnheitsrecht, das „nicht den Provinzial-Landrechten einverleibt ist," die gesetzliche Kraft abgesprochen. Zwar behaupteten mehrere Monenten, „daß der Gesetzgeber nicht Alles berühren und erschöpfen könne; und so lange noch Rechtsobjekte möglich wären, die erst in der Folge Gegenstand der Gesetzgebung werden könnten, was besonders im kaufmännischen Verkehr stattfinde," sei das Verbot des Gewohnheitsrechts nicht motivirt, „zumal es der menschlichen Natur fast eigen zu sein scheine, mehr nach Gewohnheiten, als nach Begriffen zu handeln. Nur Gewohnheiten **gegen** die Gesetze oder deren klare Folgen wären zu reprobiren."

Allein diese Ansicht fand keine Geltung.

Einer der Redaktoren erwiederte dagegen wörtlich:**) „Mich wundert, daß so viele Monenten für die Beibehaltung des Gewohnheitsrechts stimmen, und sich einbilden, aus ihrer Abschaffung würden Ungerechtigkeiten entstehen. Umgekehrt, aus der bisherigen Lehre von Gewohnheiten und Observanzen sind viele Ungerechtigkeiten entstanden. z. B. wenn Cajus nicht erweisen kann, daß er seit rechtsverjährter Zeit seine Unterthanen im Dienst nicht gespeis't habe, so nimmt er seine Zuflucht zur Observanz. Er bringt ein Attest des Landraths, der sich auch gern von der Speisung frei machen will, bei, daß an einigen Orten die Unterthanen im Kreise nicht gespeis't werden. Er läßt Zeugen abhören, daß Titus, Sempronius rc., seine Nachbaren, ihre Untertha-

*) Allg. Ld.-R. Einl. §. 4.

**) Materialien zum Landrecht in Gräff's und Cons. Ergänzungen Supplementband zum Allg. Ld.-R. S. 29 und Bornemann Systematische Darstellung des Preußischen Civil-Rechts ed. I. Bd. I. S. 177 fg.

nen nicht speisen; dabei wird nicht untersucht, ob diese mit Recht die Speisung verweigern, oder ob etwa besondere Verträge sie davon befreien, ob sie ihren Unterthanen andere Vergütung geben, oder ob andere Umstände die Ursache des Nichtspeisens sind. Genug, die Unterthanen werden nicht gespeist, und nun ist observantia specialis oder specialissima erwiesen. Nach einiger Zeit bekommt Sempronius einen gleichen Streit mit seinen Unterthanen, und nun bedient er sich des Caji, wie sich Cajus vorhin seiner bedient hat. Auf diese und ähnliche Weise sind Observanzen ein Deckmantel der Ungerechtigkeit; und an ihrer Statt ein geschriebenes Recht zu substituiren, bleibt immer rathsam."

Und dabei verblieb es. Suarez, der die letzte Entscheidung zu geben hatte, war damit einverstanden und bemerkte dazu:

„Es ist gar nicht abzusehen, was es Ungerechtes und Schädliches enthalten sollte, wenn der Landesherr dergleichen ungewisse und fluctuirende jura consuetudinaria für die Zukunft abschafft, und will, daß seine Unterthanen nur ein geschriebenes jus certum haben sollen. Dergleichen Gewohnheitsrechte enthalten entweder dispositiones contra legem oder praeter legem. (s. oben §. 3). Daß observantiae contra legem nicht geduldet werden können, bedarf wohl keines Beweises. Observantia praeter legem setzt eine Lücke im Gesetzbuch voraus, muß also nothwendig zur Prüfung der Gesetzkommission gelangen; diese findet die angebliche Observanz entweder der gesunden Vernunft und der Analogie des Rechts gemäß, und dann wird sie auch deren Beibehaltung concludiren, solchergestalt aber eine bloße Gewohnheit zur Würde eines Gesetzes erheben; oder die Observanz ist der Analogie, der gesunden Vernunft und den guten Sitten zuwider, und dann verdient sie ohnehin nicht beibehalten zu werden."

Die Redaktoren hatten somit zwar anerkannt, daß neue, vom Gesetzgeber nicht vorgesehene Rechtsverhältnisse sich bilden könnten; allein im Falle der Unzulänglichkeit der Gesetzesvorschriften sollte jedesmal die Gesetzkommission, und zwar unmittelbar vom Richter, um Auskunft angegangen werden. War gleich nun die zur Zeit der Emanation des Landrechts bestehende, von Friedrich dem Einzigen durch Kabinets-Ordre vom 14. April 1780 in's Leben gerufene und 1806 eingegangene Gesetzkommission eine anders organisirte Behörde als das heutige Ministerium für Gesetzgebung, und zum schnellern Einschreiten auf legislativem Wege mehr eingerichtet, so blieb doch das Prinzip, welches der Fortentwickelung des Rechts durch die Erscheinungen des Tages Schranken setzte, lähmend uns tödtend.

Allerdings spricht die Allgemeine Gerichtsordnung im Merkantilprozeß einmal von „Handlungsüsancen," und zwar an jener, bereits oben angeführten Stelle, wo dem Richter bei Instruktion des Prozesses ein Kaufmann als Gehülfe beigegeben werden soll; allein es ist dabei einzig davon die Rede, wie der Richter sich zu helfen hat, wenn aus der Klage oder deren Beantwortung sich ergiebt,

„was maaßen es bei der Sache auf genauere Kenntnisse des kaufmännischen Verkehrs; der Art, die Geschäfte zu verhandeln und abzuschließen; der bei Führung der Bücher und Rechnungen üblichen Methode; und auf andere dergleichen (!) Handlungsüsancen, Gebräuche und Gewohnheiten ankommt."

Es heißt dies mit andern Worten nicht viel mehr, als daß der Richter, wenn er z. B. nicht versteht, wie der Geschäftsverkehr zweier Kaufleute in's Conto-Current übertragen wird; wenn ihm die dabei vorkommende Eintragung der Zinsen von jeder einzelnen Post in's Credit und Debet, die Reduktion des Zinsensaldo von einer nur der bequemen Rechnung halber angenommenen Höhe auf den verabredeten Zinsfuß und Aehnliches der Art, nicht verständlich ist, daß er alsdann befugt sei, sich dies ihm unverständliche Rechenexempel eben so gut erklären zu lassen, als er zum Verständniß von Briefen in fremder Sprache sich eines Dollmetschers bedienen darf.

Unter diesen Verhältnissen erscheint es daher auch ganz einflußlos, wenn der oben angeführte §. 6 des Merkantilprozesses vorschreibt, daß der zugezogene Sachverständige ein Gutachten abgeben soll; wenn ferner §. 7 in der Appellationsinstanz das Gutachten eines zweiten Sachverständigen, und im Falle des Widerspruchs, §. 8 sogar von einem Dritten, als Obmann, ein „anderweitiges, ebenfalls mit Gründen unterstütztes Gutachten" einzuholen anordnet. Was hilft dies Gutachten, wenn materielle Gesetzesvorschriften dem Richter verbieten, auf die durch das Gutachten etwa beurkundeten Gewohnheiten Rücksicht zu nehmen? Was nützt der „Beirath," wenn er nicht befolgt wird!

Die der Fortentwickelung zu Handelsgerichten fähigen Elemente in Preußen.

§. 7.

a) Die an einzelnen Orten bestehenden, den Handelsgerichten ähnliche Richterkollegien.

Merkwürdiger Weise enthält §. 2 des Merkantilprozesses die Bestimmung:

„Insofern an dem einen und dem andern Orte der Königlichen Lande, zur Instruktion und Aburtelung solcher Handlungsstreitigkeiten, besondere Handlungs-, Wett- oder Seegerichte, oder wie sie sonst genannt werden, errichtet, und zu deren Beisitzern auch Kaufleute mit Sitz und Stimme (!) bestellt sind, soll es bei der diesfälligen Verfassung nach wie vor sein Bewenden haben."

Indeß vergebens sieht man sich nach „dem einen und dem andern Orte der Königlichen Lande" um, an denen Kaufleute im Handelsgericht Stimme haben. Einen Sitz hat man ihnen eingeräumt, damit sie ihren Beirath wenigstens nicht stehend abzugeben brauchen.

Es existiren gegenwärtig im Preußischen Staate folgende Handelsgerichte:*)

1) Das Kommerz- und Admiralitäts-Kollegium zu Königsberg. Es hat nach dem Reglement vom 30. October 1813 allerdings einen sehr umfassenden Wirkungs-

---

*) s. Starke. Darstellung der bestehenden Gerichtsverfassung in dem Preußischen Staate. Berlin 1839. Bd. I. S. 398 fg.

kreis, indem zu seiner Kompetenz alle auf Haverei-, Bodmerei- und Assekuranzgeschäfte bezügliche Handlungen der freiwilligen Gerichtsbarkeit gehören; sodann das ganze Schiffs- und Bordings-Hypothekenwesen; ferner die Rechtspflege wegen aller Streitigkeiten und Forderungen, welche aus einem kaufmännischen Verkehr entspringen, alle Verhältnisse zwischen Schiffer und Schiffsvolk, sogar mit Einschluß der Injurienklagen; endlich selbst fiskalische Untersuchungen wegen Vergehungen gegen die Handlungs- und Schiffahrtsgesetze und sogar Untersuchung bei Kriminalvorfällen auf Schiffsgefäßen und der Rhede, wobei es bis zu 6 Monat Gefängniß erkennen darf.

Das Kollegium besteht aus einem Direktor und aus Mitgliedern, welche auf den Vorschlag des Justizministers von dem König ernannt werden. Die Mitglieder sind theils rechtsverständige, theils kaufmännische. Der Direktor ist stets Jurist. Die kaufmännischen Mitglieder werden von der Kaufmannschaft vorgeschlagen.

Sieht man aber auf deren Wirksamkeit, so verdüstert sich das erfreuliche Bild, das man bei einem so umfangreichen Wirkungskreis sich nothwendig von ihrer Thätigkeit vorzeichnen mußte. Die Verordnung sagt:

a) in Ansehung dessen, was als Handlungs-Usance aufgestellt wird, und was in technischer Rücksicht oder über die Verfahrungsart im Handel vorkommt, so sind die Angaben der kaufmännischen Mitglieder als ein Zeugniß (!) zu beurtheilen, welches, so lange es nicht widerlegt wird, völligen Glauben hat. Dagegen bleibt

b) der Einfluß, welchen dies bekundete Faktum bei Beurtheilung und Entscheidung der Rechtssachen hat, sowie die rechtlichen Folgen, welche sich daraus ableiten lassen, sowie endlich die Erheblichkeit, die rechtliche Begründung und die Konformität des bekundeten Faktums mit dem Landesgesetze, und die Anwendung der Gesetze selbst auf die speziellen Fälle, der Prüfung der rechtsverständigen Mitglieder unterworfen.

Also nicht einmal ein Gutachten haben die kaufmännischen Mitglieder; und ein Königlich Preußischer Kommerzien- und Admiralitäts-Rath ist nur ein ein für allemal vereideter Zeuge, dessen Zeugniß so lange vollen Glauben hat, als es nicht widerlegt wird!

Zu Pillau fungirt ein rechtsverständiges Mitglied dieses Kollegium als Kommissarius des Gerichts.

2) Das Kommerz- und Admiralitäts-Kollegium zu Danzig. Das Reglement, nur Ein Jahr jünger als das Königsberger, vom 17. September 1814, hat rücksichtlich des Wirkungskreises fast dieselben Bestimmungen getroffen, dagegen den kaufmännischen Mitgliedern bedeutend größere Rechte beigelegt.

Zunächst haben sie stets ein votum consultativum, das heißt, sie entscheiden gutachtlich den Fall. Wenn es aber auf Konstatirung eines Sachumstandes ankommt, welcher auf ein von Sachverständigen eidlich abzugebendes Gutachten gegründet werden mußte, und die Beurtheilung desselben solche technische Kenntnisse erfordert, welche bei den kaufmännischen Mitgliedern vorausgesetzt werden, so ist ihre Stimme gleich der der rechtsverständigen Räthe entscheidend.

3) Die Schiffahrts- und Handlungs-Deputation bei dem Land- und Stadtgericht zu Memel.

Ihr Ressortverhältniß ist etwas eingeschränkter als das der beiden Kommerz-Kollegien. Nach dem Reglement vom 22. Februar 1811 besteht die Deputation aus ein für allemal ernannten Mitgliedern des Land- und Stadtgerichts, und vier gleichfalls feststehend ernannten Mitgliedern des Kaufmannsstandes, welche den Titel Kommerzien-Räthe führen und ein votum consultativum haben.*)

4) Eine gleiche Deputation ist durch Reskript vom 16. Februar 1811 bei dem Land- und Stadtgericht zu Stettin eingerichtet.

*) Alle polizeilichen Geschäfte liegen außer den Grenzen des Ressorts der genannten Deputation s. Resc. v. 29. März 1813. v. Kamptz Jahrb. Bd. 2 S. 7. Graeff Bd. 2 S. 130.

Zu ihrer Kompetenz gehören alle See- und Handels-Assekuranz- und kaufmännischen Wechselsachen. Die Deputation besteht aus dem Direktor, vier Mitgliedern des Land- und Stadtgerichts, und vier kaufmännischen Assessoren, welche von der Kaufmannschaft vorgeschlagen werden und gleichfalls nur eine berathende Stimme haben.

5) In Elbing werden in gleicher Weise bei allen Verhandlungen, welche sich auf Handel- und Schifffahrts-Angelegenheiten beziehen, vier von der Kaufmannschaft vorgeschlagene und von dem Justizminister bestätigte Kaufleute mit berathender Stimme zugezogen.*)

6) Bei dem Stadtgericht zu Tilse fungiren in eben dieser Weise zwei Kaufleute unter dem Titel von Stadtgerichts-Assessoren. Reglement vom 30. April 1830.

Die Schifffahrts-Kommission zu Swinemünde und das alte, unter dem Namen „Seeglerhaus" zu Colberg bestehende Seegericht sind nicht hierher zu rechnen. Die Theilnahme kaufmännischer Mitglieder bei streitigen Rechtsangelegenheiten findet nicht mehr Statt; die Funktionen als Seegericht sind ganz und gar den betreffenden Land- und Stadtgerichten übertragen.

7) Das Naumburger Handelsgericht. Es ist neu organisirt durch die Verordnung vom 4. Juni 1819**) und unterscheidet sich von den genannten Handelsgerichten sehr wesentlich dadurch, daß es nur während der beiden Messen, und zwar vom 18. Juni bis 20. Juli und vom 1. bis 22. December, in Wirksamkeit ist. Was diesem Gerichte an Lebensdauer entzogen, ist ihm an Umfang zugelegt. Vor dasselbe gehören alle Streitigkeiten, welche während der genannten beiden Messen „nicht nur über eigentliche Handlungs- oder Wechselgeschäfte, welche sich auf die Messe be-

---

*) s. Statut für die Kaufmannschaft zu Elbing vom 30. April 1824 §. 17 Ges.-Sammlg. für 1824 S. 85.

**) Verordnung, betreffend das Naumburger Handelsgericht, das bei demselben zu beobachtende Verfahren, und das in Naumburg geltende Wechselrecht, vom 4. Juni 1819. Ges.-Sammlg. für 1819 S. 141.

ziehen oder damit in Verbindung stehen, sondern auch über die andern, auf die Handlung oder Messe Bezug habenden Geschäfte entstehen und angebracht werden."*) Namentlich aber müssen „in dergleichen Rechtsstreitigkeiten sowohl Auswärtige, welche sich während des gedachten Zeitraums in Naumburg befinden, als auch Einheimische, ohne Unterschied, ob die Einen oder die Andern sonst dem gewöhnlichen oder dem eximirten Gerichtsstande unterworfen sind, bei dem Handelsgericht Recht nehmen.**)

Die Ausübung der Funktionen dieses Handelsgerichts ist einer Deputation des ehemaligen Land- und Stadtgerichts, jetzigen Landgerichts,***) zu Naumburg übertragen, welche — „insofern es auf ein kaufmännisches Gutachten ankommt, drei Mitglieder der Kaufmannschaft, welche als Handelsgerichts-Assessoren ein für allemal verpflichtet werden, zuzuziehen hat."†

Es bedarf keines Kommentars, wie sehr dieses Handelsgericht nur den Namen einer Institution an sich trägt, deren Wesen ihm völlig fremd ist.

In Frankfurt existirte eine Meßdeputation. Die revidirte Meßordnung für die Messen zu Frankfurt a. d. O. vom 31. Mai 1832††) übertrug die Gerichtspflege in Bezug auf die Messe an das dortige Stadtgericht ohne irgend eine Theilnahme von Kaufleuten. Ebenso entscheidet in Posen, ohne alle kaufmännische Theilnahme, eine Gerichtskommission des dortigen Land- und Stadtgerichts alle während der Dauer des Wollmarkts aus dem Wollhandel entstehenden Streitigkeiten.

Will man endlich noch der Fabrikengerichte hier gedenken, weil nach dem für sie bestehenden Reglement dem ständigen Deputirten des Gerichts noch ein technischer Mitarbeiter aus dem Gewerbstande beigeordnet ist, so hat man gewissenhaft alle im Preußischen

---

*) §. 2 l. c.

**) §. 3 l. c.

***) Resc. v. 12. März 1821. v. Kamptz Jahrb. Bd. 17 S. 82. Graeff Bd. 3 S. 139.

†) §. 1 der Verordnung vom 4. Juni 1819.

††) Ges.-Sammlg. für 1832 S. 149.

Staate existirenden Handelsgerichte aufgezählt. Dergleichen Fabrikgerichte bestehen übrigens nur in Berlin und in der Provinz Westphalen. Das Reglement vom 4. April 1815 ordnet die Wirksamkeit der „Fabriken-Deputation des Stadtgerichts zu Berlin" an. Zu seiner Kompetenz gehören im Allgemeinen alle Streitigkeiten der Fabrik-Unternehmer und ihrer Arbeiter gegen einander über schlechte und kontraktwidrige Arbeit, überhaupt alle Streitigkeiten, welche unmittelbar die Fabrikation und die deßhalb übernommenen oder gesetzlich vorgeschriebenen Verpflichtungen und Befugnisse zum Gegenstand haben*).

Das technische Mitglied wird vom Finanz-Ministerium ernannt. (§ 1. des Reglements). Der Richter leitet ausschließlich sämmtliche Geschäfte, jedoch findet ein untergeordnetes Verhältniß zwischen ihm und dem technischen Mitarbeiter nicht Statt. (§ 2.). Die in Prozessen zuzuziehenden Sachverständigen werden von dem Finanz-Ministerio ein für allemal bestellt und im Pleno des Stadtgerichts mittelst Handschlags vereidigt. Sie haben keinen Theil an der Leitung der Geschäfte, und werden nur da mit ihrem Gutachten gehört, wo der Richter sie dazu auffordert. (§. 4).

Als darauf der erste Westphälische Provinzial-Landtag den Antrag auf Errichtung von Fabrikengerichten für den Regierungsbezirk Arnsberg machte, wurden sie nach diesem! Berliner Muster durch das Reglement vom 26. November 1829 eingeführt**).

Diese 14 Jahre Erfahrung hatten keinen weitern Fortschritt gemacht, als daß das technische Mitglied nicht vom Finanzminister ernannt, sondern daß dazu „zwei abwechselnd theilnehmende Fabrikinhaber am Gerichtsorte aus der Klasse der Gewerbetreibenden mit kaufmännischen Rechten durch die Gewerbesteuerpflichtigen des Gerichtsbezirks erwählt worden" (§. 3); im übrigen aber leitet

*) S. §. 10—14 des Reglements v. 4. April 1815. v. Kamptz Jahrb. Bd. 5, S. 16. und Gräff Bd. 2 S. 38, wo der Umfang und Gegenstand der Gerichtsbarkeit genau angegeben ist; sowie das erläuternde Reskript vom 11. Mai 1818. v. Kamptz Jahrb. Bd. 11, S. 200. Gräff Bd. 2, S. 43.

**) v. Kamptz Jahrb. Bd. 38, S. 360—382; Gräff Bd. 6, S. 378—394.

der deputirte Richter „ausschließlich sämmtliche Geschäfte und erläßt alle Verfügungen unter dem Siegel und Namen des Gerichts" (§. 4).

Dergleichen „Fabriken-Gerichts-Deputationen" — so ist ihr Namen — sollten zu Iserlohn, Limburg, Altena, Plettenberg, Lüdenscheid, Hagen, Schwolm, Hattingen und Siegen errichtet werden. Indessen sie sind nur in Altena, Hagen und Iserlohn zu Stande gekommen*).

Insoweit es bei dieser ganzen Darstellung nur auf den Nachweis abgesehen ist, ob und wie der Handelsstand und die Gewerbtreibenden bei den sie ausschließlich interessirenden Rechtsstreitigkeiten in selbstständiger Theilnahme vertreten sind, kann man kein sonderliches Bedauern ausdrücken, daß die übrigen Fabriken-Gerichts-Deputationen schon vor der Geburt gestorben sind.

Hält man dieses Resultat zusammen mit dem, was der Handel an Steuern einbringt: die officielle Erläuterung zu dem allgemeinen Etat der Staats-Einnahmen und Ausgaben für das Jahr 1844**) enthält allein unter der Position:

> an Eingangs- Ausgangs- und Durchgangs-Abgaben die enorme Summe von **12,183,110** Thlr. mehr als den 5ten Theil der gesammten Staats-Einnahme!

so muß man in der That sich verwundern, daß der Handelsstand bisher nicht energischer auf ordentliche Handelsgerichte gedrungen hat.

§. 8.

b. Die Statuten für die zu Korporationen vereinigten Kaufmannschaften.

Acht Städte der Preußischen Monarchie sind es, deren Kaufmannsstand zu einer Korporation vereinigt ist. Berlin, Stettin, Danzig, Memel, Tilse, Königsberg, Elbing, Magdeburg. Die organischen Statute für die Kaufmannschaft der genannten Städte sind sämmtlich in den Jahren 1820 bis 1825 erlassen und zwar

---

*) Instruktion vom 1. October 1831 Gräff l. c. S. 381 und Starke's Darstellung der bestehenden Gerichtsverfassung Bd. 1, S. 163.

**) S. Ges. Samml. f. 1844 S. 97 und die Bekanntmachung des Finanz-Minister v. Bodelschwingh vom 19. April 1844 in der Vossischen Zeitung vom 20. April 1844 Nr. 93.

dem Datum nach in der Reihenfolge, wie sie hier aufgeführt sind*). Die Meisten von ihnen geben im Eingange des Gesetzes als Motiv an, daß sie auf wiederholten oder dringenden Wunsch der Kaufmannschaft erlassen seien; bei Manchen ist auch hervorgehoben, daß die Kaufmannschaft den Entwurf zu einem Statut eingereicht habe und daß derselbe in nachstehender Art (dann folgt das Statut, z. B. für Magdeburg) genehmigt sei. Jedenfalls ist eine Theilnahme der Kaufmannschaft bei Erlassung der Statuten unverkennbar. Inwieweit dieselbe aber stattgefunden hat, und namentlich, wie sehr oder wie wenig die Regierung den Wünschen der Betheiligten nachgekommen ist, läßt sich aus den gedruckten Statuten nicht beurtheilen. Die darüber gepflogenen Verhandlungen, welche theils in den Akten der einzelnen Korporationen, theils im Zusammenhang in den Akten des betreffenden Ministerium sich befinden müssen, sind bisher nicht zur Publicität gebracht, und es lassen sich daher über das, was von den Betheiligten beantragt und was ihnen davon gewährt ist, nur Vermuthungen aufstellen; allein, je nachdem sie das Gepräge der Wahrscheinlichkeit mehr oder weniger an sich tragen, wird ihnen eine gewisse Geltung nicht zu versagen sein.

Es ist kaum anzunehmen, daß man von der Dange bis zur Elbe sympathetische Wünsche geäußert haben soll, daß die Seestädte und die Binnenstädte bei ihren verschiedenartigen Interessen nicht sehr verschiedene Anträge sollten gemacht haben. Wenn aber gleichwohl die Statuten der genannten acht Städte sich gleichen wie die Kinder Eines Vaters und ihre Familienähnlichkeit so groß ist, daß man fast nur an ihrem Taufnamen sie unterscheiden kann, so ist die Vermuthung wohl nicht allzugewagt, daß man dem Preu-

*) Das Statut	f.	d.	Kaufmschft.	z. Berlin	v. 2. März 1820.	Ges.-S.	f.	1820 S. 46. sq.
″	″	″	″	″ Stettin	″ 15. Nov. 1821.	″	″	1821 S. 195. ″
″	″	″	″	″ Danzig	″ 25. April 1822.	″	″	1822 S. 130. ″
″	″	″	″	″ Memel	″ 21. Mai 1822.	″	″	ibid. S. 153. ″
″	″	″	″	″ Tilse	″ 22. April 1823.	″	″	1823 S. 77. ″
″	″	″	″	″ Köngsb.	″ 25. April 1823.	″	″	ibid. S. 92. ″
″	″	″	″	″ Elbing.	″ 30. April 1824.	″	″	1824 S. 85. ″
″	″	″	″	″ Magdb.	″ 9. April 1825.	″	″	1825 S. 25. ″

ßen, dem Märker und Sachsen gesagt hat, daß sie Alle Landeskinder Eines Vaters seien, und ihnen die allgemeine Preußische Uniform angezogen hat.

Es will nicht einleuchten, daß keine der acht Städte ein Handelsgericht gefordert und daß Alle eine schiedsrichterliche Kommission, wie sie die Statuten enthalten, begehrt haben sollten.

Allein es handelt sich zur Zeit nur um das Gegebene, und ob und inwieweit es einer dem Zeitbedürfnisse entsprechenden Fortbildung fähig sei.

Nach den Statuten von Stettin, Danzig und Elbing gehört es unmittelbar zum Geschäftskreise der Vorsteher, „Streitigkeiten in Handelsangelegenheiten, die von den Parteien freiwillig an sie gebracht werden, durch einen Vergleich gütlich beizulegen. Hierbei findet alles dasjenige Anwendung, was die Allgemeine Gerichts-Ordnung Th. I. Tit. 2. §. 167—176 von Schiedsrichtern vorschreibt*)."

In Berlin sollen die Aeltesten zu diesem Behufe jährlich eine Kommission von sieben, in Tilse eine von drei Mitgliedern aus ihrer Mitte wählen, welche wöchentlich eine Sitzung hält**) Königsberg und Memel enthalten derartige Bestimmungen garnicht, wogegen Magdeburg eine gehörig organisirte „Vergleichs-Deputation" hat. Sie wird von den Aeltesten aus sämmtlichen männlichen Mitgliedern der Korporation gewählt; sie besteht aus einem Vorsitzer und vier Beisitzern und ist berechtigt, nach eigener Wahl oder auf Erfordern der Parteien den Syndikus der Kaufmannschaft bei ihren Verhandlungen zuzuziehen***).

Es liegen hierin schöne Anfänge, mindestens sehr brauchbare Fundamente zu einem künftigen Handelsgericht.

Ja, für den sorgsamen Sucher findet sich noch mehr. Während bei den Rechtsstreitigkeiten die Funktionen der Vergleichs- oder Schiedsrichterkommission erst beginnen, wenn die Parteien sich an sie wenden; so sollen nach dem Stettiner, Tilsener und Magdeburger Statut die Aeltesten der Kaufmannschaft bei Insol-

*) Stettiner Statut §. 39. Danziger §. 54. Elbinger §. 54.

**) Berliner Statut §. 36 und Tilse'ner Statut §. 53.

***) Magdeburger Statut §. 70. ff.

venzerklärungen oder bei notorischer Insolvenz ihrer Mitglieder von Amtswegen einschreiten, zwei Kuratoren bestellen und von diesen die Angelegenheit bis zur Einreichung des status bonorum bearbeiten lassen, demnächst aber die Gläubiger zusammenrufen und zu einer gütlichen Einigung zu veranlassen suchen*).

Zeigt sich aber irgendwo die Nothwendigkeit, daß Kaufleute selbst richtend und vermittelnd eintreten, so ist's gerade bei unserm Konkursverfahren. Wie unbeholfen dieser Koloß ist, ahnen selbst viele von denen nicht, welche eine Aenderung als dringendes Bedürfniß erkannt haben. Sie sprechen nur immer von den bekannten schwerfälligen 7 Klassen. Allein sie irren. Unser Konkurs enthält noch eine Klasse ante omnes, d. h. die allen, selbst den Gläubigern der ersten Klasse voraufgehn; und eine post omnes, die nach Befriedigung der 7ten Klasse herankommen. Jede der Klassen enthält Unterabtheilungen, welche keinesweges gleichberechtigt sind, sondern zum größten Theil sich ausschließen und unter Einander bevorzugt sind. Genug, rechnet man gewissenhaft zusammen, so giebt es 89, sage neunundachtzig verschieden berechtigte Forderungen. Der Nachweis ist von Jedem zu führen, der die Gerichtsordnung aufzuschlagen und zu addiren versteht!

Dabei wird's denn freilich auch begreiflich, wie trotz der Bestimmung in §. 249 der Konkursordnung, daß die „Konkursprozesse, nach gegenwärtiger Vorschrift, in kurzer Zeit beendigt sein müssen", der §. 486 lauten kann:

> Wenn es sich ereignet, daß nach Befriedigung aller in den vorstehenden Paragraphen bemerkten Posten, in der Kreditmasse noch etwas übrig bleibt, so wird selbiges, insofern der Gemeinschuldner noch am Leben ist, diesem, sonst aber dessen Erben, verabfolgt.

§. 8.

c) Der Merkantilprozeß nach der Allgemeinen Gerichtsordnung.

In gewöhnlichen Fällen findet bei Prozessen zwischen Kaufleuten kein besonders beschleunigtes Verfahren statt, wenn man

---

*) §. 75 ff. des Stettiner-, §. 88 ff. des Tilsener- und §. 76 ff. des Magdeburger-Statuts.

nicht den summarischen Prozeß als solchen ansehen will, der, mit den geringsten Ausnahmen, bei allen kaufmännischen Prozessen zur Anwendung kommt.*) So sehr hat dies abgekürzte, auf Mündlichkeit basirte Verfahren in dem kurzen Zeitraum von 10 Jahren die Oberhand gewonnen, daß man es die Regel und den ordinären, d. h. den nach der Gerichts-Ordnung gewöhnlichen Prozeß die Ausnahme nennen muß.

Nur bei den sogenannten „eigentlichen Merkantilprozessen" läßt die Gerichts-Ordnung das schleunigste Verfahren eintreten, das sie überhaupt kennt, und das thatsächlich noch schleuniger als das in Arrest-, Wechsel- und Bausachen ist. Sie versteht aber unter dem Merkantilprozeß den zu Meßzeiten vorfallenden Rechtsstreit; denn sie sagt.**)

Da aber an denjenigen Orten, wo Messen, Vieh- (!) und andere Märkte gehalten werden, zwischen den dazu sich einfindenden Fremden, entweder unter sich, oder mit einheimischen Kaufleuten, über Geschäfte, welche von ihnen während der Messe, oder des Marktes, verhandelt worden sind, Prozesse zu entstehen pflegen, und die möglichste Beschleunigung solcher Prozesse zur Beförderung des Handels vorzüglich nothwendig ist, so soll es mit dergleichen Merkantilprozessen folgendergestalt gehalten werden.

Es soll nämlich alsdann, so lange die Messe oder der Markt dauert (es wird wieder der Viehmarkt sorgfältig mit in Erinnerung gebracht) „eine Deputation niedergesetzt werden, welche aus Mitgliedern des ordentlichen Gerichts und aus Handlungserfahrenen bestehen, und, so lange die Messe oder der Markt dauert, Vor- und Nachmittags an einem dazu schicklichen Orte sich versammeln soll" (§. 10). Die Instruktion geschieht vor der versammelten Deputation (§. 12).

Der Klagebeantwortungstermin wird schon nach 24 Stunden anberaumt (§. 17). Eine Verlegung des Termins findet nicht Statt (§. 18); der Beklagte muß den Termin „schlechterdings per-

---

*) §. 6 der Verordn. v. 1. Juni 1833.
**) Allg. G. O. Th. I. Tit. 30. §. 9.

sönlich abwarten" (§. 19). — Ausnahmen von den beiden Sätzen finden nur in den seltensten Fällen Statt; die Zeugen werden ohne förmliche, schriftliche Citation, bloß mündlich durch den vereideten Gerichtsboten vorgeladen (§. 25); Deduktionen, d. h. schriftliche Rechtsausführungen werden der Regel nach nicht zugelassen (§. 28) und das Erkenntniß muß binnen 24, längstens aber binnen 48 Stunden abgefaßt und publicirt sein (§. 29). Das Rechtsmittel der Appellation und selbst der Revision muß gleichfalls binnen 24 Stunden eingelegt sein (§§. 31 u. 43).*)

Allein die Gerichtsordnung geht noch einen Schritt weiter. Sie gestattet die Anwendung dieses schleunigsten Prozeßverfahrens „auch außer den Meß- und Marktzeiten, in solchen Zeiten, wo wegen des Ab- und Zugangs fremder Handelsleute, oder Schiffe, ein vorzüglich lebhafter Verkehr getrieben wird" (§. 44).

„Auch muß in solchen Zeiten (sagt §. 45) ein beständiger Deputirter aus der Mitte des Gerichts ernannt, und ihm ein oder mehrere Sachverständige zugeordnet werden, denen es ganz eigentlich und vorzüglich obliegt, sich einer schnellen Erörterung und Abmachung solcher Streitigkeiten zu unterziehen, die über einen getroffenen Handel, dessen Erfüllung oder Aufhebung entstehen. Die hierzu bestellten Personen müssen der Kaufmannschaft durch Anschlag auf der Börse, oder auf andere schickliche Art, allgemein bekannt gemacht werden; und sie sind schuldig, sobald sich jemand, wenn auch nur mündlich, wegen eines solchen entstandenen Streites bei einem von ihnen meldet, die Sache sofort, und mit Beiseitsetzung aller andern Geschäfte, vorzunehmen."

Endlich ordnet der Merkantilprozeß bei allen Assekuranzstreitigkeiten, und zwar bei allen Arten **) derselben, für die erste Instanz ein Schiedsgericht an, mit der Maßgabe, daß jede der Parteien einen oder mehrere Schiedsrichter wählt. „Es muß je-

*) Diese kurzen Fristen für die Appellation und Revision waren durch die Verordnung über die Nichtigkeitsbeschwerde vom 14. Dezember 1833 aufgehoben, sind aber durch die dazu ergangene Deklaration vom 5. April 1839 in Artikel 14 wieder hergestellt. Gesetz-Samml. für 1839, S. 131.

**) Kab.-Ordre vom 10. April 1832. Gesetz-Samml. für 1832, S. 136.

doch allemal ein Rechtsgelehrter darunter befindlich sein, welcher das Protokoll führen, und auf Beobachtung der erforderlichen Legalitäten bei der Instruktion Acht haben muß." §. 49. l. c.

§. 10.

Beweis, daß die Grundsätze des gegenwärtigen Gouvernement der Fortentwickelung der geschilderten einzelnen Institutionen günstig sind.

Faßt man alle diese Elemente zusammen, welche zerstreut in der Preußischen Gesetzgebung liegen, so scheint es fast, als bedürfe es nur einer leitenden Hand, um aus den einzelnen brauchbaren Stücken mit leichter Mühe und ohne Radikalreform ein ganz passendes Handelsgericht zu erbauen. Allein es läßt sich nicht verkennen, daß wenn der Staat gesetzgeberisch einschreiten soll, dies aus Rücksichten auf seine eigene Würde nicht in mangelhafter Art geschehen darf, daß er vielmehr mit einem Gesetze vortreten muß, welches auch eine strenge Kritik auszuhalten im Stande ist. Sollte man nun auch annehmen, daß eine seit länger als 20 Jahren fortdauernde Gesetzes-Revision Materialien und Motive genug zu allen Arten von Gesetzen müsse beschafft haben, so läßt sich doch nicht wegleugnen, daß Handelsgericht und Handelsrecht sich wechselweise bedingen, und daß ein Handelsrecht, wenn es durch die kaufmännischen Mitglieder des Handelsgerichts einer steten Fortentwickelung fähig sein soll, nothwendig — ähnlich dem code de commerce — ein für sich bestehendes Handelsgesetzbuch sein muß, indem ein in die ganze bürgerliche Gesetzgebung verzweigtes Recht (wie das Preußische Handelsrecht in L. R. Th. II. Tit. 8) nicht die Quelle einer selbstständigen Entscheidung für Kaufleute abgeben kann. Hierauf gestützt, motivirt Gräff als Ergänzung zu dem in der Einleitung hervorgehobenen Ausspruche von Gans seine Behauptung:

Ohne ein für sich bestehendes Handelsgesetzbuch kein Handelsgericht. *)

*) Gräff's Archiv für das Preußische Handels- und Wechselrecht. Breslau 1844. 1. Bd. S. 14.

Es wird daraus ersichtlich, daß aller Wahrscheinlichkeit nach von der Gesetzgebung aus der Wunsch nach Handelsgerichten noch nicht seine Befriedigung finden wird. Nichts aber hindert, daß bis dahin die bereits vorhandenen Elemente, theils ihrem ganzen Umfange nach ausgebeutet, theils in ihrer Abgesondertheit weiter fortgebildet werden. Es ist ein Anderes, ob der Staat mit einem organischen Gesetze für die ganze Monarchie hervortreten, oder ob er nur seine Hülfe gewähren soll zur Fortentwickelung bestehender Lokaleinrichtungen.

Es ist aber mit Bestimmtheit vorauszusetzen, daß hierin sachgemäßen Wünschen der größte Beistand und die möglichste Willfährigkeit von Seiten des Gouvernements werde zu Theil werden. Theils bürgt hierfür im Allgemeinen die noch immer festgehaltene Gliederung in provinzielle Sonder-Interessen, mehr aber noch die Grundsätze, welche im Gesetzgebungs-Ministerium selbst zur Zeit Geltung haben. Die im Landrecht beabsichtigte und seit 50 Jahren nicht zur Ausführung gebrachte Kodificirung der einzelnen Provinzialrechte wird jetzt mit Eifer zur Ausführung gebracht und überall der Gesichtspunkt festgehalten, daß „Vorschläge zu zeitgemäßen Modifikationen und Ergänzungen des Provinzialrechts für zulässig zu erachten" seien.*) Es ist dies die Begünstigung des so bekannt gewordenen „naturwüchsigen" Rechts. Außerdem aber hat ein anderer hochgeachteter Rechtslehrer, damals noch Kammergerichts-Rath, jetzt auf der höchsten Stufe im Justiz-Ministerium, sich entschieden günstig ausgesprochen für Fortentwickelung des Handelsrechts durch Gewohnheit, während er im Uebrigen den landrechtlichen Grundsatz von dem Verbote des Gewohnheitsrechts in allen andern Rechtsmaterien streng festhält. Er sagt wörtlich: **)

„Nur in denjenigen Rechtsmaterien, welche, wie das Handelsrecht, vom Weltverkehr abhängen, und daher sowie aus andern

---

*) S. die Landtags-Verhandlungen der Provinz Brandenburg in der Sitzung vom 17. März 1845.

**) Bornemann, systematische Darstellung des Preußischen Civil-Rechts. 1. Ausg. Bd. 1, S. 180 Anm.

Gründen, dem schnellen Wechsel unterworfen, und der selbstständigen Fortbildung durch die betheiligten Individuen zu überlassen sind, dürfte dem Gewohnheitsrecht eine umfassende Gesetzeskraft beizulegen, durch gehörig organisirte Handelsgerichte aber auch dafür zu sorgen sein, daß das gerade geltende Gewohnheitsrecht stets beobachtet werde."

Rechnet man hinzu, daß nach der im vorigen Jahre erfolgten Errichtung eines Handelsamts *) eine Behörde geschaffen ist, welche prinzipienmäßig die Wünsche des Handelsstandes zu vertreten hat, und, wie man aus Vorgängen der neuesten Zeit anzunehmen berechtigt ist, mit aller Energie zu vertreten bereit ist, so käme es nur darauf an, bei diesen günstigen Auspicien mit den geeigneten Anträgen hervorzutreten. In der Politik wie im Handelsverkehr ist gewiß der Satz unrichtig, das Gute auszuschlagen, wenn man nicht gleich das Beste haben kann: welcher Kaufmann entsagt dem kleinen Gewinn, wenn er nicht den höchsten erzielen kann! Gegentheils, man nehme an, was gewährt wird, und sei es auch das Kleinste. Auch der unbedeutendste Sieg im Vorwärts ist ein Sieg, denn er rettet das Prinzip und gewährleistet ferneren Sieg.

§. 11.

Andeutung der Anträge, welche zu diesem Zwecke zu machen wären.

Was aber ist zu fordern? Meine Vorschläge hierzu können nur sehr unmaßgeblich sein; allein als konsequente Entwickelung dessen, was in den vorstehenden Paragraphen als fortbildungsfähig dargestellt ist, mögen sie andeutungsweise hier ihren Platz finden.

Es wäre zu beantragen:

Erstens, daß die kaufmännischen Mitglieder der Kommerz- und Admiralitäts-Kollegien zu Königsberg und Danzig, sowie die kaufmännischen Mitglieder der Schifffahrts- und Handlungs-Deputationen zu Memel, Stettin, Elbing und Tilse an Stelle der bloß berathenden Stimme eine entscheidende Stimme erhalten.

Es kann dies kaum auf ernstliche Schwierigkeiten stoßen, und

---

*) Verordnung vom 7. Juni 1844. Gesetz-Samml. für 1844, S. 148 ff.

zwar um so weniger, als für einzelne, freilich nur seltene Fälle, die kaufmännischen Mitglieder des Danziger Kommerz-Kollegium nach dem Reglement vom 17. September 1814 bereits volles, das ist, entscheidendes Stimmrecht haben. Ja, es erscheint auffällig, daß der jetzt versammelte Pommersche Landtag bei seiner Petition um Einführung von Handelsgerichten *) nicht den eventuellen Antrag gestellt hat, die zu Stettin — und dies ist doch überwiegend die wichtigste Handelsstadt Pommerns — bereits bestehende Schifffahrts- und Handlungs-Deputation in der angedeuteten Art zu einem Handelsgericht umzugestalten. Es wäre doch ein Anfang und des Versuches, wenn auch nur eines zeitweiligen, werth.

Das Naumburger Meßgericht brauchte unter der obigen Maßgabe nur für permanent erklärt zu werden, das heißt, als auch außerhalb der Messe bestehend, und es wäre auch hier ein Handelsgericht ins Leben gerufen.

Zweitens. Der Magdeburger Vergleichs-Deputation, bestehend aus vier Kaufleuten und dem Syndikus als rechtsverständigem Präses, brauchte nur die Befugniß zugesprochen zu werden, nicht bloß diejenigen Rechtsstreitigkeiten zu entscheiden, welche die Kaufleute freiwillig an sie bringen, sondern als Gericht erster Instanz alle Rechtsstreitigkeiten der korporirten Kaufleute vor sich zu ziehen, und es wäre ein Handelsgericht, sogar nach dem Muster des berühmten Hamburger Handelsgerichts, ins Leben getreten.

Es ist bei allen diesen Vorschlägen immer von der Voraussetzung ausgegangen, daß der betreffende Handelsstand von dem Wunsche nach Handelsgerichten beseelt und durchdrungen sei, und unter dieser Voraussetzung der Weg gezeigt, wie die Zustimmung der Regierung zu erlangen wäre. Das Gouvernement könnte aber kaum seine Zustimmung einem Institute versagen, das so

*) S. die Landtags-Verhandlung der Provinz Pommern in der Sitzung vom März 1845.

Anm. Während des Druckes werden auch die Petitionen des Preußischen Landtags wegen Errichtung von Handelsgerichten bekannt (s. die 31ste Plenarsitzung). Hierauf fußend, werden die angedeuteten Anträge von den Kaufmannschaften zu Memel, Tilse, Königsberg, Elbing und Danzig ausgehend, sicherlich Berücksichtigung finden.

viele und bedeutende Analogieen für sich hat. Es ist dahin zu rechnen theils die Vorschrift, nach welcher alle Assekuranzstreitigkeiten von selbst gewählten Richtern unter Leitung eines rechtsverständigen Dirigenten in erster Instanz entschieden werden sollen (s. oben §. 9), theils das Recht und die Pflicht sowohl der Magdeburger Vergleichs-Deputation als der Stettiner und Tilsener Aeltesten der Kaufmannschaft, bei Fallissementen von Amtswegen einzuschreiten. Es wäre eben nur ein Schritt weiter, eine sogenannte „erweiterte Befugniß," wollte man, was von Assekuranzstreitigkeiten und von Konkursen gilt, auf alle kaufmännischen Rechtsverhältnisse ausdehnen.

Drittens. Wo aber alle diese Einrichtungen nicht existiren, oder wo die angedeutete Weiterausbildung auf Schwierigkeiten stößt, da dringe man auf Verwirklichung der im Merkantilprozeß vorgeschriebenen Anordnungen. Daß beispielsweise Berlin, seitdem die Anhalter, die Stettiner und Frankfurter Eisenbahn tagtäglich Hunderte von fremden Handeltreibenden an den Markt und die Börse bringt, fortdauernd solche Zeiten hat, „wo wegen des Ab- und Zugangs fremder Handelsleute ein vorzüglich lebhafter Verkehr getrieben wird," möchte unschwer zu erweisen sein, wenn man den heutigen Verkehr in Vergleich stellt mit dem im Jahre 1793, von welchem das Publikations-Patent der Allgemeinen Gerichts-Ordnung datirt ist. Wo aber ist der „beständige Deputirte des Gerichts" und die ihm „zugeordneten Sachverständigen," die sich „einer schnellen Erörterung und Abmachung solcher Streitigkeiten zu unterziehen haben, die über einen getroffenen Handel, dessen Erfüllung oder Aufhebung entstehen"? Wo ist der „Anschlag auf der Börse," durch welchen die „hierzu bestellten Personen" „der Kaufmannschaft" sollen bekannt gemacht werden?

Diese Gesetzesvorschriften sind nicht aufgehoben; sie bestehen noch. Und wer vermag zu leugnen, daß die Berliner Börse nach dem Aktiengesetz vom 24. Mai 1844 (dem Börsen-Schlachttage von Jena!) nicht Vortheil von einer Deputation gezogen hätte, die in 24 Stunden den Beklagten vorladen, in 24 bis 48 Stunden erkennen, und wo der unterliegende Theil in 24 Stunden appelliren und revidiren muß! Alle die Klagen auf Abnahme und Erfüllung — etwa 600 solcher sind an das hiesige Stadtgericht gekommen — betreffen ja gerade Streitigkeiten „über einen getroffenen Handel, dessen Erfüllung oder Aufhebung." Mindestens wäre allen frivolen, nur zum Verschleif der Sache vorgebrachten Einwendungen, bei der Gegenwart von Sachverständigen aus dem Kaufmannsstande vorweg ein Riegel vorgeschoben gewesen. Wer hätte sich in deren Gegenwart wohl entblödet, die Richtigkeit der Kourszettel zu bestreiten und darüber eine Zeugenvernehmung zu verlangen? Der Richter aber, welcher an positive Beweisregeln gebunden ist, mußte thatsächlich Beweistermine zur Abhörung vereideter Kourtiers über ihre gedruckten Kourszettel anberaumen, und bei deren durch Amtsgeschäfte leicht entschuldigtem Ausbleiben so lange mit Ansetzung neuer Termine fortfahren, bis die lästige Komödie zu Ende gespielt war. Darüber verflossen Wochen, oft Monate, die ganz erspart wurden, wenn die gesetzlich zuzuziehenden zwei Sachverständigen vorweg ihr Zeugniß über den streitigen Kours abgegeben hätten.

Aber dies waren nicht die einzigen faktischen Einwendungen. Nicht selten haben Beklagte, welche die gekauften Papiere weder abnehmen, noch die Koursdifferenz bezahlen konnten, ihre — selbst dem Gerichte bekannten — Unterschriften in Zweifel gestellt. Zwar haben sie dieselbe nie abgeschworen; aber der Termin zur Ableistung des Diffessionseides, in welchem sie dann ausblieben, schaffte ihnen ein Paar Wochen Frist. Wer hätte sich entblödet, in Gegenwart kaufmännischer Mitglieder seine Unterschrift in Frage zu stellen?

Man wird mich in der ganzen Schrift nicht als allzuwarmen Vertheidiger des rechtsgelehrten Richters, auf Kosten des kaufmännischen, befunden haben: aber wahrlich, die oft lautgewordenen Klagen über langsame Entscheidung der Prozesse dürften mindestens von denjenigen nicht gegen einen mit voller Hingebung arbeitenden Richter erhoben werden, welche ihr gesetzlich garantirtes Recht dem Richter zu assistiren und dadurch, wie dargethan, den günstigsten Einfluß auf schnellere Entscheidung herbeizuführen, so ganz außer Anwendung gelassen haben.

So weit die Vorschläge durch **Vermittelung der Regierung** Handelsgerichte oder denen ähnliche Institute in's Leben zu rufen.

Es giebt aber noch einen andern Ausweg, beruhend auf dem alten Erfahrungssatze aide toi et le ciel t'aidera. Die Aeltesten der Berliner Kaufmannschaft haben ihn ergriffen; es ist

Viertens die Bildung eines Handelsschiedsgerichts.

Eine ausführliche Besprechung desselben wird um so nothwendiger sein, als es sich hier offenbar nicht um ein bloßes Lokalinteresse handelt. Im ganzen Staatsorganismus pulsirt jetzt ein so bewegtes Leben, daß in den äußersten Gliedern empfunden werden muß, was im Herzen vorgeht. Es wäre auffallend, wenn nicht bald ähnliche Einrichtungen in andern Handelsstädten folgen sollten. Und es gewinnt nur an Deutlichkeit, wenn die Besprechung an bestimmt gegebene Verhältnisse anknüpfen kann.

Endlich finde noch die Bemerkung Raum, daß im weitern Verlaufe überall vergleichende Rücksicht genommen ist auf die „Statuten des Württembergischen Handels-Vereins" vom 29. Oktober 1843*) und die „Convention der Mitglieder des Vereins der Buchhändler zu Stuttgart, betreffend die Niedersetzung eines Schiedsgerichts vom 10. Juni 1842." **)

Das Handelsschiedsgericht.

§. 12.

Das beabsichtigte Berliner Handelsgericht.

In der Ansprache der Aeltesten der Berliner Kaufmannschaft vom 18. Februar 1845 an die Mitglieder der Korporation ist als Motiv für die Errichtung eines Handelsgerichts angegeben „das immer stärker sich geltend machende Bedürfniß" nach demselben, verbunden mit der doppelten Befürchtung, einmal, „daß die Zeit noch sehr fern sein dürfte, bis der Staat ein Handelsgericht in's Leben rufe," sodann aber, ob durch das Staatsinstitut „rücksichtlich der Formen, sowie der übrigen Bedingungen der gericht-

*) Stuttgart. Druck von J. Wachendorf. 1843.

**) Stuttgart. J. B. Metzler'sche Druckerei. Februar 1844.

lichen Prozedur, den Wünschen und dem eigentlichen Bedürfniß des Kaufmanns-Standes vollständig und hinreichend werde Genüge geleistet werden?" Für die erste der beiden Besorgnisse sind die Gründe bestimmt angegeben. Die Verzögerung wird befürchtet, theils wegen der „Masse der Ansprüche, welche an die vaterländische Gesetzgebung gemacht sind," theils wegen der „viel bestrittenen Frage, ob ein Handelsgericht möglich sei oder doch die Zwecke seines Bestehens vollständig erreicht werden können, bevor nicht ein Handelsgesetzbuch emanirt ist" (s. §. 10). Für die zweite Befürchtung sind die Gründe nicht angegeben; aber die zwischen zwei Gedankenstriche eingeschobene Versicherung, daß auch nicht „der leiseste Zweifel gesetzt werde in die Umsicht und Weisheit unserer Gesetzgebung" ist Bürge für die Loyalität der zurückgehaltenen Gründe. Nun wohl denn! Welches sind die „Formen" und „die übrigen Bedingungen der gerichtlichen Prozedur," die man bei einem vom Staate in's Leben gerufenen Handelsgericht nicht erwartet? Ist's die Besorgniß, daß der Kaufmannsstand nicht ausreichend genug vertreten sein dürfte? Schwerlich! Wer jemals die Gesetzrevisionsarbeiten in Händen gehabt hat, weiß, wie sorgfältig die Erfahrungen anderer Länder benutzt werden. Dies, verbunden mit dem Einflusse des Handels-Amts-Präsidenten, ist Bürge, daß man dem Handelsstande den gebührenden Einfluß im Handelsgerichte nicht vorenthalten würde. — Oder sind unter den „Bedingungen der gerichtlichen Prozedur" etwa ein schnellerer Geschäftsgang gemeint? Kaum möglich! Es ist nicht wohl abzusehen, wie schneller als im Merkantilprozeß verfahren werden soll! Zwar gestattet die Hamburger Handelsgerichts-Ordnung in Wechsel- und in Frachtsachen sogar die Citation von Stunde zu Stunde,*) allein theils ist dies eine Ausnahme, theils bei einem Orte von Berlins Umfang nicht ausführbar; und endlich geschehen thatsächlich Siegelungen und Arreste bei uns in gleich kurzer Frist. — Was also fürchtet man denn, von der Gesetzgebung nicht gewährt zu sehen? Ich wüßte nur Eins: das ist die **Oeffentlichkeit.**

*) Artikel 21 und 22. s. Meno Pöhls a. a. O. Band 1 Seite 365.

Ob dies die Aeltesten gemeint haben, bleibt nur Vermuthung; ja, es könnte sogar zweifelhaft erscheinen, da die Oeffentlichkeit nicht unter den acht Punkten aufgeführt ist, welche als die „unentbehrliche Grundlage" des Unternehmens bezeichnet sind. Allein, beabsichtigt oder nicht, mit voller Ueberzeugung sei es ausgesprochen:

Ohne Oeffentlichkeit, im weitesten Umfange, welkt und versiecht das projektirte Gericht; ja mehr noch: ohne vollste Oeffentlichkeit kann es nicht zu leben anfangen.

§. 13.

Oeffentlichkeit ist die Lebensbedingung des Schiedsgericht. Ohne dieselbe kann es nicht bestehen.

Der Beweis für die aufgestellte Behauptung ist unschwer. Es sollen nicht jene allgemeinen Gründe hergezählt werden, welche die Oeffentlichkeit in allen unsern Staatsverhältnissen offenbar als ein noch viel „stärker sich geltend machendes Bedürfniß" kundgeben, als das Bedürfniß nach Handelsgerichten. Es soll nicht hervorgehoben werden, daß der Staat mit vollem Grunde jeden Antrag auf Oeffentlichkeit, im Strafprozeß, in der Stadtverordneten-Versammlung, bei den Landtagen und wo sonst immer zurückzuweisen berechtigt bleibt, wenn da, wo einem Vereine autonomische Befugniß zusteht, dieser selbst die Oeffentlichkeit ausschließt. Und es ist dies ein sehr gewichtiges Bedenken! — Innere Gründe sind es, in der Sache selbst liegende, welche die Oeffentlichkeit als einzige Möglichkeit für die Existenz des Handelsgerichts erscheinen lassen. Man halte fest, daß das beabsichtigte Gericht kein Staatsinstitut ist, sondern ein Schiedsgericht. Die Richter sind nicht vom Staat bestallte, in Eid und Pflicht genommene Beamte; aber es sind auch nicht von der jedesmaligen Partei selbsterwählte Richter. Im letztern Falle würde das persönliche Vertrauen ersetzen, was der Staatsbeamte an Unparteilichkeit und an gewährleisteter Befähigung voraus hat. Es sind Richter, zwar von der Majorität der durch's Kompromiß Verbundenen erwählt; aber die Minorität, vielleicht nummerisch nur um Eine Stimme schwächer, muß sich ihnen unterwerfen. Es sind Richter, denen alle jene begründeten und unbegründeten Einwendungen entgegenstehen, welche den Handelsgerichten im Allgemeinen gemacht werden. Man verkenne nicht, daß, so überwiegend auch die Zahl der redlichen und achtbaren Kaufleute sein wird, welche dem neuen Handelsgerichte sich unterwerfen, nothwendiger Weise auch diejenigen beitreten müssen, für welche die Kaufmannsterminologie die Worte „Schwindler," „Chikaneur" oder „Dreher" erfunden hat. Sie müssen beitreten, wollen sie nicht vorweg sich von der Schaar der Gerechten absondern; aber sie werden auch, und zwar mit Eklat, beitreten, denn sie haben stets „die gerechteste Sache." Aber sie sind es auch, welche, wenn nicht alle, so doch die Mehrzahl der Prozesse haben werden. Es gehört kein Prophetenblick dazu voraus zu verkünden, daß diese „Chikaneurs," wie vor den Landesgerichten, so noch überwiegend häufiger vor dem Handelsgericht unterliegen werden. Dann aber wird alle Schuld an der Ungerechtigkeit und Parteilichkeit der Handelsrichter liegen. Den Einen werden sie abhängig nennen von dem oder jenem Banquier, um den Blanko-Credit nicht einzubüßen; den Andern werden sie parteiisch nennen um ein gleiches Urtel für seine eigene „faule Sache" zu erstreiten; Brodneid, Haß wegen Konkurrenz und tausend ähnliche Vorwürfe werden die kaufmännischen Richter müssen über sich ergehen lassen, und, wenn ihnen das Amt trotzdem nicht verleidet sein sollte, noch der Befürchtung ausgesetzt sein, daß Kurzsichtige finden werden, daß „Etwas" Wahres doch an den Vorwürfen sei.

Hiergegen, wie gegen Verläumdung überhaupt, gibt es nur Ein Mittel — — die Oeffentlichkeit.

Die Zubilligung des Publikum ist Absolution vor jedem Vorwurfe, den der Leumund erfinden kann; die Anerkennung der Zuhörer erhöht die Achtung in viel höherm Grade, als Verläumdung sie zu entziehen vermag; mit Einem Worte: das Urtheil der Zuhörer sichert den Richter vor unwürdigen Angriffen, und — auch hier die Wahrheit — es sichert den Richter vor sich selbst, wenn doch menschliche Schwäche ihn beschleichen sollte.

§. 14.

Fernere Bedingnisse jedes Schiedsgerichts, und die aufgestellten acht Fundamentalbedingungen des Berliner Schiedsgerichts.

Sollten aber auch diese Gründe die Nothwendigkeit der Oeffentlichkeit noch nicht erwiesen haben, so wird bei Besprechung der einzelnen Punkte, welche die Aeltesten als „unentbehrliche Grundlagen" bezeichnet haben, sich unwiderleglich herausstellen, daß sie ohne Oeffentlichkeit nicht ausführbar sind. Als diese Grundlagen sind in der Ansprache an die Korporation bezeichnet:

1. daß den Schiedsrichtern die Befugniß beigelegt werde, auch darüber zu erkennen, ob der Rechtsstreit ein kaufmännisches Rechtsverhältniß betreffe und also zu der durch den Vertrag festgestellten Competenz gehöre oder nicht;
2. daß die Parteien dem gesetzlichen Contumacial-Verfahren für den Fall, wenn sie den Citationen oder Verfügungen der Schiedsrichter nicht Folge leisten, sich unterwerfen;
3. daß die Insinuation der Citationen und Verfügungen durch die Stadtpost gültig erfolge;
4. daß das Verfahren zwar wesentlich ein mündliches sei, jedoch eine Klage und Klagebeantwortung schriftlich eingereicht, im übrigen aber nur die Zugeständnisse des einen oder andern Theils zu Protokoll registrirt, in die Urtelsgründe aber das Sach- und Rechtsverhältniß aufgenommen werden müsse;
5. daß der Vertrag, mittelst welchen der Verein gebildet wird, zugleich die Stelle eines in jedem einzelnen Falle zu schließenden Compromisses vertrete und daher dem Einwande entsagt werde, daß für den vorliegenden Rechtsstreit ein förmlicher spezieller Compromiß-Vertrag hätte geschlossen werden müssen, sowie, daß die Gegenstände des schiedsrichterlichen Urtheils im voraus und allgemein blos nach der Gattung derselben, in dem Grundvertrage bestimmt worden;
6. Es steht in der Willkühr der Parteien, ob sie übereinstim-

mend, das schiedsrichterliche Erkenntniß definitiv, oder nur als ein Urtel erster Instanz gelten lassen, und die in den Gesetzen angeordneten Rechtsmittel sich vorbehalten wollen, worüber zu Anfang jeder Verhandlung das Nöthige zu Protokoll zu nehmen ist;"

7. Sachwalter und Rechtsbeistände werden zugelassen;
8. Solche Rechts-Sachen, in denen Litis-Denunciationen vorkommen, sind von der Competenz der Schiedsrichter ausgeschlossen.

Diese acht Punkte sind nicht alle von gleicher Bedeutung. Einige betreffen nur die Regulirung des Prozeßverfahrens, wie die ad 2., 3., 4. und 7.; sie sind nicht wohl zu einer öffentlichen Diskussion geeignet, und man kann der Sachkenntniß der mit dem Entwurf des Reglements beauftragten Kommission um so mehr vertrauen, als es gerade der Syndikus der Berliner Korporation gewesen ist, welcher den ersten Anstoß auch zu unserm summarischen Prozesse vom 1. Juni 1833 in einer Epoche machenden Denkschrift gegeben hat. Bloße Andeutungen, wären sie selbst möglich, könnten hierbei nicht nützen. Nur ein gründliches Studium über die verschiedenen Prozeßarten befähigt hier zu einem sachgemäßen Urtheil.

Anders verhält es sich mit den übrigen Fundamentalsätzen. Sie betreffen direkt oder indirekt den Umfang des Schiedsgerichts und hier muß wieder Jedem ein selbstständiges Urtheil zustehen, der sich demselben unterwerfen soll:

Umfang und Ausdehnung des Schiedsgerichts.

§. 15.

a) der Person nach.

Die Ansprache sagt noch vor Aufstellung der acht Punkte:

„Auch Handeltreibende, die nicht zur Korporation gehören, können zur Theilnahme an den Vertrag zugelassen werden."

Dieser Satz, welcher unter den Fundamentalbedingungen seine Stelle haben sollte, verdient volle Billigung. Nur nicht zu eng zuschneiden! Es hält hernach oft schwer, sich „erweiterte Befugnisse" zu verschaffen. Ja, eine noch weitere Ausdehnung erscheint zweckmäßig. Sobald nur Eine der streitenden Parteien, sei es als Kläger oder als Beklagter, zu den vertragsmäßig dem Schiedsgericht Unterworfenen gehört, muß, wenn der Gegner damit einverstanden ist, die Wirksamkeit desselben eintreten. Das Stuttgarter Buchhändler-Schiedsgericht geht noch weiter. Es verordnet im §. 4: „Fremde und Einheimische, welche dem Vereine nicht angehören, können gleichwohl wegen buchhändlerischer Streitigkeiten auf das Schiedsgericht compromittiren, und das Schiedsgericht ist verbunden, die Sache anzunehmen." Allein diese Bestimmung erscheint zu weit. Es ist kein Grund ersichtlich, das Handelsgericht mit Rechtsstreitigkeiten Dritter, ganz Unbetheiligter, zu überbürden. Wohl aber bleibt's wünschenswerth, daß das Handelsgericht alle Streitigkeiten seiner eigenen Untergebenen, sei es unter sich selbst, oder mit Fremden, richte und entscheide. Sein Zweck ist schnelle und der Handelsüsance angemessene Justiz. Gerade diese Gründe müssen dem Auswärtigen und Fremden verdoppeltes Vertrauen zu Handelsverbindungen geben; und, will er davon Gebrauch machen, darf man ihn von der Wohlthat nicht ausschließen, welche den Einheimischen gewährt ist.

§. 16.

b) dem Gegenstande nach.

Wichtig und unentbehrlich ist die Bestimmung zu 1 der Fundamentalsätze, „daß den Schiedsrichtern die Befugniß beigelegt werde, auch darüber zu erkennen, ob der Rechtsstreit ein kaufmännisches Rechtsverhältniß betreffe und also zu der durch den Vertrag festgestellten Kompetenz gehöre oder nicht." Eine gleiche Bestimmung findet sich in den beiden Württembergischen Statuten *). Sie ist nothwendig, weil sonst einem Jeden, unter dem Vorwande der Nichtkompetenz, die Möglichkeit eingeräumt wäre, sich dem Schiedsgericht zu entziehen. —

*) §. 21. des Handelsvereins: „Entsteht Zweifel darüber, ob der Streit einen Handelsgegenstand betreffe oder nicht, so hat das Schiedsgericht darüber zu entscheiden. — §. 5 des Buchhändlervereins: „Entsteht Streit über die Kompetenz des Schiedsgerichts, so steht diesem Gericht selbst die Entscheidung darüber zu.

Von gleicher Art ist die Bestimmung zu 5, nach welcher dem Einwande entsagt wird, es fehle für den vorliegenden Rechtsstreit an einem speziellen Kompromiß. Es ist von erfahrenen Juristen bezweifelt worden, ob diesem Einwande gesetzlich entsagt werden könne; mit andern Worten, ob man vertragsmäßig sich verpflichten könne, alle Handelsstreitigkeiten — im Voraus, ein für alle Mal — dem Schiedsgericht zu unterwerfen. Ich vermag diese Zweifel nicht zu theilen. Das Gesetz enthält nirgend ein Verbot dagegen, ja die Allgemeine Gerichts-Ordnung Th. I. Tit. 2. §. 167 scheint dies ausdrücklich zu gestatten. Es heißt:

Wenn den Parteien über einen streitigen Gegenstand die ganz freie und uneingeschränkte Disposition zusteht, so können sie die Entscheidung eines unter ihnen obwaltenden Streites einem schiedsrichterlichen Ausspruche durch Kompromiß unterwerfen.

Nicht, daß der Streit bereits obwaltet, im Gegensatze zu einem erst künftigen Streite, scheint mir das Entscheidende in dieser Gesetzesvorschrift zu sein, sondern die Bestimmung, daß den Parteien über den Streitgegenstand die „ganz freie und uneingeschränkte Disposition" zusteht. Es ist dies aber um so unzweifelhafter, als das Gesetz bei andern Streitigkeiten von gleichem Umfange ausdrücklich eine schiedsrichterliche Entscheidung angeordnet hat, z. B. bei allen Assekuranz-Streitigkeiten *); bei Ausführung genehmigter Entwässerungspläne **), sodann in einem sehr weiten Umfange im Landeskultur-Edikt bei Gemeinheitstheilungen ***), und in neuester Zeit bei allen Eisenbahnstatuten. Hier wie dort ist der künftige Streitgegenstand noch unbekannt und die Unterwerfung unter Schiedsrichter vom Gesetz anerkannt.

Endlich gehört hierher die Bestimmung zu 8. „Solche Rechtssachen, in denen Litisdenunciationen vorkommen, sind von der Kompetenz der Schiedsrichter ausgeschlossen."

Diese Bestimmung scheint mir wesentlich fehlerhaft; denn sie

---

*) G. O. Th. I. Tit. 30. § 42.

**) Gesetz vom 15. November 1811 wegen des Wasserstauens bei Mühlen und Verschaffung der Vorfluth. Gesetzsamml. für 1811 S. 352. §. 21 ff.

***) Edikt zur Beförderung der Landeskultur vom 14. September 1811. Gesetzsamml. für 1811 S. 42 ff.

ist geeignet, die ganze Wirksamkeit der Schiedsgerichte aufzuheben. Litisdenunciation ist die Erklärung einer Partei, sich an einen Dritten halten zu wollen, falls der Prozeß verloren geht, und der darauf gegründete Antrag, diesen Dritten zum Prozeß mitvorladen zu lassen. Die Gesetze treffen ausführliche Bestimmungen, je nachdem der zur Hülfe herbeigerufene Dritte, der Litisdenunciat, vor Gericht erscheint oder nicht. Diese Bestimmungen interessiren jedoch hier nicht weiter, als daß der Richter in jedem Falle, der angedeutete Regreß mag begründet sein oder nicht, den Litisdenunciaten vorzuladen gehalten ist. Nun leuchtet zwar ein, daß der Schiedsrichter nicht dritte Personen vorladen kann, wenn sie seiner Gerichtsbarkeit sich nicht unterworfen haben; allein warum ihm diese Befugniß nicht gegen seine vertragsmäßig untergebenen Gerichtseinsassen, gegen die Vereinsmitglieder, zustehen soll, ist nicht ersichtlich!

Durch die Bestimmung zu 8 wird der ganze Vertrag illusorisch. Ein Beispiel wird dies deutlich machen. Man denke sich einen Schuldschein in aller Form Rechtens ausgestellt. Der Schuldner wird daraus belangt. Den Einwand der nicht voll erhaltenen Valuta wird das Schiedsgericht zu erledigen kompetent sein; wenn der Schuldner aber sagt, er habe nur aus Freundschaft für einen Dritten unterschrieben, dieser Dritte müsse ihn vertreten, er denunciire ihm litem, so würde das Schiedsgericht inkompetent. Eine Lüge würde den bösen Zahler von der Einlassung vor dem Schiedsgericht befreien.

Das hiesige Stadtgericht ist reich an Belägen, wie bei den einfachsten Geschäften, bei Lieferungsverträgen, sowohl von Papieren, als von Getraide und Oel, der in Anspruch genommene Lieferant eine Litisdenunciation anbringt, weil er als Lieferant nur vorgeschoben sei und das Geschäft für einen Dritten vermittelt habe. Es sind dies die bekannten Operationen der nicht zum Mäklergeschäft berechtigten Personen.

Die Bestimmung zu 8 muß daher die Einschränkung erhalten, daß „nur solche Litisdenunciationen, bei welchen der in Anspruch genommene Litisdenunciat dem Schiedsgericht nicht unterworfen ist, die Kompetenz aufheben." Zwar bleibt es der Partei auch dann noch unbenommen, durch erdichtete Litisdenunciationen an andere, dem Schiedsgericht nicht unterworfene Personen, sich dessen Ausspruch zu entziehen; allein hier giebt's ein prächtiges Mittel gegen die Frivolität, das ist, die — Oeffentlichkeit.

§. 17.

Vom Schiedsgericht darf keine Berufung an einen höhern Richter stattfinden.

Der Bestimmung zu 7:

„Es steht in der Willkühr der Parteien, ob sie übereinstimmend das schiedsrichterliche Erkenntniß definitiv, oder nur als ein Urtel erster Instanz gelten lassen, und die in den Gesetzen angeordneten Rechtsmittel sich vorbehalten wollen, worüber zu Anfang jeder Verhandlung das Nöthige zu Protokoll zu nehmen ist,"

gebührt wegen ihrer großen Wichtigkeit ein eigenes Kapitel. Diese Bestimmung scheint mir im Prinzip ebenso unhaltbar, als in der Ausführung schädlich.

Das Prinzip ist ein falsches, denn es widerstreitet der Natur des Schiedsgerichts, einen höhern Richter über sich anzuerkennen. Der Staat hat die Pflicht, dafür zu sorgen, daß der Richter „die ihm anvertraute Macht nicht mißbrauche, und daß die Rechte seiner Bürger weder durch bloße Willkühr oder parteiische Einseitigkeit, noch durch Leichtsinn oder Uebereilung des Richters gefährdet werden" *). Um deshalb, und „damit das Schicksal eines Prozesses nicht von der Beurtheilung und Entscheidung eines einzigen, menschlichen Irrthümern und Fehlern unterworfenen Gerichts abhängen möge" **), steht den Parteien die Berufung auf den höhern Richter frei. Diese Pflicht des Staates, seine Beamte zu überwachen, deren Urtelsspruch sich die Parteien zwangsweise unterwerfen müssen, ist eine nothwendige, und deshalb sittlich und den Beamtenstand nicht verletzend; die Richterstelle

*) G. O. Einleitung §. 37.

**) Ebendas. §. 56.

ist überwacht, und die persönliche Achtung des Richters kann eben so wenig die Kontrolle vermindern, als eine Mißachtung sie erhöhen. Ganz anders ist's mit dem Schiedsrichter. Sein Amt ist nicht nur ein Ehrenamt *), es ist ein Vertrauensamt, das heißt, gerade persönliche Achtung und persönliches Vertrauen hat es ihm übertragen. Die Möglichkeit der Mißachtung und des Mißtrauens ist ausgeschlossen. Eine Ueberwachung ist daher verletzend, denn sie schließt den Zweifel in sich. Halbes Vertrauen ist gar kein Vertrauen. Der Schiedsrichter, der sich einem zweiten Ausspruch unterwirft, tritt seiner eigenen Würde zu nahe. Er richtet ohne Vertrauen der Parteien.

Eine Berufung auf eine höhere Instanz ist aber praktisch auch von Nachtheil. Die Börsen-Aeltesten selbst geben als Zweck des neuen Gerichts an: „die möglichste Schnelligkeit der Entscheidung, unbeschadet der Angemessenheit derselben." Die Schnelligkeit geht verloren, wenn das Definitivurtel vom zweiten, oder gar noch vom dritten Richter erst eingeholt wird; die Angemessenheit geht verloren, wenn der Landesrichter, unbekümmert um die Handelsüsance des kaufmännischen Richters, sein gelehrtes Recht zur Anwendung bringt. Darum gerade sind die bestehenden Kommerz-Kollegien und Handlungs-Deputationen so illusorisch, weil der Einfluß, welchen die kaufmännischen Mitglieder auf die Entscheidung ausgeübt haben, in höherer Instanz nicht beachtet oder gar verworfen werden. Mit vollem Grunde haben darum die Pommerschen Stände Handelsgerichte erster und zweiter Instanz beantragt.

Die Statuten des Württemberger Handelsvereins und des Buchhändlervereins **) sagen deshalb ausdrücklich:

> Von dem Ausspruche des Schiedsgerichts findet keine Appellation statt. Eine entgegengesetzte Vereinbarung unter den Parteien ist unzulässig.

---

*) Der Code de commerce sagt Art. 628: Les fonctions des juges de commerce sont seulement honorifiques.

**) §. 34 der Statuten des Handelsvereins. — §. 21 der Statuten des Buchhändlervereins.

Je strenger dieser Grundsatz festzuhalten ist, um so nothwendiger wird die Bestimmung, daß

jede Partei das Recht hat, einen der Schiedsrichter zu rekusiren, ohne Gründe dafür anzugeben.

Es ist dies von höchster Wichtigkeit. Es sichert das Vertrauen der Parteien, und für den verworfenen Richter ist keine Verletzung vorhanden, wenn die Gründe der Verweigerung nicht angegeben sind.

Ganz gleiche Bestimmung hat der Württemberger Handelsverein (§. 27) und der Buchhändlerverein (§. 14) angenommen.

§. 18.

Das Urtel des Schiedsgerichts bleibt exekutionsfähig, auch wenn es als unrichtig angefochten wird. Was ist ein klar entscheidendes Landesgesetz?

Dem Grundsatze getreu, nicht appelliren zu dürfen, sollte sogar der Nichtigkeitsklage entsagt werden. Allein dies verbietet das Preuß. Recht *). Gleichwohl ist ihre Beibehaltung von großer Gefährlichkeit. Es verordnet die Allg. Gerichts-Ordnung Th. I. Tit. 2. §. 172:

„Der Ausspruch der Schiedsrichter ist nichtig:

1) wenn die Parteien gar nicht gehört, oder offenbar erhebliche Thatsachen ganz unerörtert gelassen;

2) wenn gegen ein den vorliegenden Fall ganz klar entscheidendes Landesgesetz erkannt worden ist."

Die erste Bestimmung kann man sich gefallen lassen. Aber wann ist gegen ein ganz klar entscheidendes Landesgesetz verstoßen? Das Preußische Recht ist reich an Kontroversen. Die 9 Bände Entscheidungen des Geheimen Ober-Tribunals liefern den Beweis dafür. Der höhere Richter, welcher ein Erkenntniß abändert, findet allemal, daß gegen den Inhalt oder Sinn eines Gesetzes gefehlt ist. Das Geheime Ober-Tribunal nimmt z. B. an, daß Gewährsmängel nicht verjähren, so lange der Empfänger noch einen Theil des Kaufgeldes zurückbehält. Das hiesige Stadtgericht erkennt fortdauernd, daß diese Gewährsmängel schon binnen sechs

*) G. O. Th. I. Tit. 2. §. 174.

Monaten verjähren *). Also, wer Oel, Getraide und andre Waaren gekauft und sechs Monate nach dem Empfange derselben keine Klage wegen schlechter Beschaffenheit oder Preisunwürdigkeit der Waare erhoben hat, muß dem Verkäufer ohne Widerrede Zahlung leisten. Das kaufmännische Handelsgericht billigt gewiß diese Entscheidung. Aber wird der höhere Richter den Ausspruch nicht als nichtig umstoßen?

Das Geheime Ober-Tribunal hat laut Plenar-Beschluß vom 9. September 1844 ausgesprochen: „Ein von einem Nichtwechselfähigen acceptirter, an die Ordre des Ausstellers gezogener Wechsel gilt auch nicht als Anweisung, wenn zur Zeit des Accepts noch kein Indossement des Wechsels erfolgt war" **). Das Stadtgericht hat fortdauernd, diesem Ausspruche entgegen, die Acceptanten zur Zahlung verurtheilt. Auch in diesem Falle möchte das Handelsgericht sehr wahrscheinlich den Grundsätzen des Stadtgerichts beitreten: wird der höhere Richter die Entscheidung nicht als nichtig umstoßen?

Gegen diese Gefahr schützt einmal die begründete Annahme, daß der höhere Richter die Rechts-Kontroversen nicht zu den klaren Landesgesetzen zählen werde, folgerecht eine von seiner eigenen Rechtsansicht abweichende Entscheidung um deshalb nicht als nichtig umstoßen wird ***). Vor Allem aber ist das **Erkenntniß des Schiedsrichters, der angestellten Nichtigkeitsklage unerachtet, vollstreckbar und exekutionsfähig.**

---

*) A. L. R. Th. I. Tit. 5. §. 343—345.

**) Justiz-Ministerial-Blatt für 1844. S. 218.

***) Ein Beispiel findet sich dazu vor. Es gehört zu den Kontroversen des Preußischen Rechts, ob der Vermiether wegen seines Miethszinses ein Pfandrecht an allen Sachen hat, welche der Miether in die Wohnung gebracht hat, oder nur an dessen eigenen Sachen. Das Geh. Ober-Tribunal nimmt die letzte Alternative an. Das Stadtgericht in Templin erkannte dagegen. Der unterliegende Theil legte Rekurs bei dem Kammergericht ein. Dies aber bestätigte das erste Erkenntniß, „weil Präjudikate den Richter nicht binden, und in dem vom Königl. Stadtgericht in Templin abgefaßten Erkenntniß eine Verletzung des von dem Plenum des Königl. Geh. Ober-Tribunals durch den Beschluß vom 12. März 1838 angenommenen, höchst zweifelhaften Rechtsgrundsatzes nicht gefunden werden könne." Juristische Wochenschrift für 1841. S. 384.

§. 19.

Zusammenstellung der für ein Handelsschiedsgericht unentbehrlichen Bedingungen.

Die besprochenen Fragen sind rein praktischer Natur. Die Kaufleute der Berliner Korporation werden allerehestens ihr Urtheil abgeben müssen über den Statutenentwurf. Ich fasse daher das Resultat der bisherigen Untersuchung in aller Kürze zusammen und stelle sowohl für das Berliner, als für jedes andere Handelsschiedsgericht folgende Fundamentalbedingnisse auf:

1) Das Schiedsgericht muß die Sache vor sich ziehen, sobald auch nur Eine Partei zu den Vereinsmitgliedern gehört und die Gegenpartei dem Schiedsgericht sich unterwerfen will.
2) Das Schiedsgericht entscheidet selbst über seine Kompetenz. Durch angebrachte Litisdenunciationen wird die Kompetenz nur in dem Falle aufgehoben, wenn der Litisdenunciat nicht zu den Vereinsmitgliedern gehört.
3) Die Richterstelle bei dem Handelsschiedsgericht ist ein Ehrenamt und ein Amt des Vertrauens.
4) Der Präsident des Schiedsgerichts muß allemal ein Rechtsgelehrter sein.
5) Vom Ausspruche des Schiedsgerichts findet keine Appellation statt. Eine entgegengesetzte Vereinbarung unter den Parteien ist nicht zulässig.
6) Dagegen hat jede Partei das Recht, einen der Schiedsrichter zu rekusiren (verwerfen), ohne Gründe dafür anzugeben.
7) Die Sitzungen des Schiedsgerichts werden öffentlich gehalten.

§. 20.

Fortsetzung.

Uebrigens bleibt die ganze Wirksamkeit des Handelsschiedsgerichts, auch bei größtem Erfolge, eine beschränkte. Es kann nicht Arreste verhängen, nicht Exekutionen verfügen; und somit liegt — mindestens bei einem großen Theil aller Handelsprozesse — der Anfang und das Ende außerhalb der Machtbefugniß des Handelsgerichts. Aber auch die eigentliche Prozeßinstruktion wird auf Schwierigkeiten stoßen. Vielleicht neun Zehntel aller Prozesse werden durch Eideszuschiebung und Zeugenvernehmung entschieden. Außergerichtliche Eide verbietet das Preußische Recht und hier werden jedesmal Requisitionen an das Landesgericht nothwendig. Soll daher die Thätigkeit des Handelsgerichts nicht ganz gelähmt sein, so muß ihm wenigstens das Recht auf Zeugenvernehmung bleiben. Unbeschworne Zeugenaussagen machen aber keinen Beweis, wenn die Parteien nicht ausdrücklich sie unbeschworen als richtig annehmen. In Kaufmannsprozessen tragen die Parteien jedoch oftmals Bedenken, weil die Zeugen meisthin Handlungsgehülfen oder andere in Lohn und Brod stehende Personen bei den Parteien sind. Es giebt ein Mittel, die Zeugen auch ohne Eid zur Aussage der vollen Wahrheit zu vermögen; dasselbe Mittel wird auch der bedenklichsten Partei mehr Gewißheit über die Richtigkeit der Aussage verschaffen als der feierlichste Eid: es ist die Oeffentlichkeit. Es laute daher der letzte Fundamentalsatz:

8) Die Richter und Zeugen werden nicht vereidigt, aber bei dem Beginne jeder Sitzung, nachdem das Publikum eingetreten ist, feierlich an die Wichtigkeit der Handlung erinnert *).

§. 21.

Beweis, daß die Oeffentlichkeit dem Handel nicht schädlich ist und von der Preußischen Regierung bewilligt werden wird.

Der Einwand, daß die Kaufleute selbst ihre Geschäfte durch den Prozeß nicht veröffentlicht sehn wollen, ist — um es mit Einem Worte abzuthun — altmodisch, und daher nicht zu fürchten. Für die Aengstlichen habe ich, zu mehrerer Beruhigung noch, im Anhange die ersten Prozesse, dem Namen und dem Inhalte nach, in kurzen Umrissen aufgeführt, welche in Württemberg öffentlich verhandelt und durch den Schwäbischen Merkur abgedruckt sind. Der Handelsstand in Württemberg hat dadurch keinen Stoß erlitten. —

*) S. §. 32 der Statuten des Handelsvereins; §. 19 der Statuten des Buchhändlervereins.

Als Bedenken pflegte geltend gemacht zu werden, einmal, daß Handelsverbindungen oft so zarter Natur sind, daß eine Veröffentlichung derselben dem kaufmännischen Kredit gefährlich werden könne, sodann aber, daß sie eben so oft geheim zu halten seien, weil in der Nichtkenntniß der Konkurrenten gerade der Gewinn und Vortheil liege. Beides ist unhaltbar. Wo der Prozeß den Kredit gefährden kann, wird er überhaupt vermieden, ebenso wohl vor den Landesgerichten, als vor dem Handelsgericht. Der bedrängte Schuldner sucht sich anderweit zu „arrangiren.“ Was aber die Geheimhaltung der Handelsbeziehungen anlangt, so klingt dies bei der Kommunikation auf Eisenbahnen und Dampfschiffen, bei der Ueberschwemmung von Handelsreisenden, und den Industrie-Ausstellungen etwas sonderbar. Auch ist mir thatsächlich in einer mehrjährigen Praxis bei dem Kommerz-Kollegium zu Königsberg und jetzt bei der summarischen Deputation des hiesigen Stadtgerichts, vor der fast alle Kaufmannsprozesse ressortiren, kein Fall bekannt geworden, dessen Veröffentlichung einen Nachtheil in der angedeuteten Art hätte nach sich ziehen können. Und sind denn die wichtigern Prozesse bei den Landesgerichten wirklich so sehr geheim und ungekannt? Es herrscht auch hier die bekannte Furcht vor Gespenstern, die noch Niemand gesehen hat.

Aber wird die Regierung die Oeffentlichkeit gestatten? Ich behaupte mit voller Zuversicht: Ja.

Es existirt kein Verbot, das einem Schiedsgerichte eine öffentliche Sitzung untersagte. Die Neuerung wird unternommen von den achtbarsten Bürgern des Staats und die Preußische Regierung hat Vorwärts! zu ihrem Wahlspruch der Neuzeit erkoren. Preußen — für sich — wird daher der Oeffentlichkeit keine Hindernisse in den Weg legen. Ob aber als Mitglied des deutschen Bundes? Dies könnte fraglicher sein. Die Verpflichtungen gegen den deutschen Bund kennt man offiziell nicht, wenigstens in vielen Beziehungen nicht. Sie müssen oft sehr beschränkender Natur sein. So wurde aus Bundes-Rücksichten die Mainzer Advokaten-Versammlung, welche öffentlich, also auch in Gegenwart der Polizei, über Rechtseinheit in Deutschland sich aussprechen wollte, als eine Versammlung erklärt, auf welche das Edikt vom 20. Oktober 1791 Anwendung finde, wegen Verhütung und Bestrafung geheimer Verbindungen *). Indessen auch von Seiten des deutschen Bundes ist diesmal kein Widerspruch zu befürchten. Die Statuten des Württemberger Handelsvereins haben ein öffentliches Schiedsgericht und das Königliche Ministerium hat unter dem 7—9. September 1843 reskribirt:

„daß in den Statuten nichts Staatswidriges gefunden worden sei, und daher der Ausführung des Vereins nach denselben kein Hinderniß in den Weg gelegt werde."

Friedrich Wilhelm der Vierte ist Bürge, daß Preußen keinem Bundesstaate nachstehn wird.

---

*) Verfügung des Justiz-Minister Mühler vom 6 Februar 1844. Min.-Blatt für 1844. S. 38.

Anhang.

Der Württemberger Handels-Verein wird aus Mitgliedern des Handels- und des Fabrikanten-Standes in Württemberg gebildet. Er theilt sich in vier Handelskammern, welche in Stuttgart, Heilbronn, Ulm und Reutlingen ihren Sitz haben. Ihr Zweck ist: „Berathung der gemeinsamen Interessen des Handels und der Fabrik-Industrie und die schiedsrichterliche Entscheidung von Handelsstreitigkeiten." Hier interessirt allein der letztgenannte Zweck. Die Sitzungen des Schiedsgerichts werden öffentlich gehalten. Dies hat zur Folge gehabt, daß die ersten Verhandlungen der einzelnen Handelskammern ausführlich in öffentlichen Blättern, namentlich im Schwäbischen Merkur, zur Kenntniß des Publikums gebracht sind. Sie liefern ein anschauliches Bild des Verfahrens. Die großen Räume, in welchen die Sitzungen gehalten werden, sind jedesmal vom Publikum schon ganz gefüllt, noch ehe das Gericht eintritt. Der Präsident und der Richter sind jedesmal genannt. Eine lautlose Stille herrscht im Saale, so oft der Präsident die Sitzung mit einer einleitenden Rede eröffnet. Der Berichterstatter hebt die Einleitungs-Rede des Präsidenten der Stuttgarter Handelskammer hervor, über „Zweck und Bedeutung des neuen Instituts, das seine Entstehung verdanke dem Bedürfnisse der Zeit und der Stimme des Deutschen Volkes, die sich *entschieden für Herstellung der Einheit des Deutschen Rechts ausspreche*. An diese Kette von Bestrebungen reihe sich auch dieses, dem Element des Handelswesens angehörige Glied, nicht zum Zerstören eingeführt, sondern zu weiterem Beleben und Fortbilden des bereits Gewonnenen. *Die ausdrückliche Erklärung der Staatsregierung, daß sie der neuen Schöpfung nichts in den Weg lege*, bürge für die Zulässigkeit der Probe, welche von der städtischen Behörde durch das wohlwollendste Zuvorkommen in jeder Weise gefördert worden." (Die Sitzung ward im Stuttgarter Rathhaus gehalten). „Für die Regierung entspringe daraus der wohl zu beherzigende Nutzen, daß sie reicher an Erfahrungen werde, *während ein mündiges Volk seiner ganz würdig handle, wenn es nicht Alles von oben erwarte, sondern von seiner Seite den*

Anforderungen der Zeit nachzukommen sich beeifere. Allerdings sei die Gewalt der Schiedsgerichte rein diskretionärer Natur, und es lasse sich nicht läugnen, daß es in dieser Beziehung nicht alle Bürgschaften biete, welche sein Gedeihen sichern. Allein so klein auch der Anfang sei, werde er gleichwohl wachsen und erstarken, **als Ausdruck eines mit Nothwendigkeit der öffentlichen Ueberzeugung sich aufdrängenden Gedankens."**

Leider paßt der folgende Satz der Rede nicht auf unser Vaterland, auf Preußen. Er lautet:

„Auch reiche es mit Freuden den Gerichten des Staats in dem Augenblicke die Hand, wo durch Einführung der Oeffentlichkeit und Mündlichkeit das Volk sein eigenes Recht wieder gewonnen habe."

Der Berichterstatter versichert ferner, daß sämmtliche Entscheidungen ebensowohl die streitenden Parteien zufrieden gestellt, als sie unbedingte Anerkennung bei den Zuhörern gefunden haben. Ich lasse sie hier in gedrängtester Kürze folgen, und zwar von jeder der Handelskammern die erste Sitzung:

I. Das Reutlinger Handels-Schiedsgericht. Sitzung am 15. April 1844*). Der Kaufmann Döllinger Staib in Biberach klagt gegen den Kaufmann Daniel Fuchs in Reutlingen auf Bezahlung von 1200 Pfund Rindsschmalz zu 22½ Kr. das Pfund.

Staib hatte nämlich im November 1843 die genannte Post Schmalz an Fuchs zu 22½ Kr. verkauft. Käufer fand es von schlechter Beschaffenheit und sendete einen Kübel zur Ansicht ein. Staib vertraute ohne weitere Untersuchung; bewilligte für die ganze Quantität 1 Kr. Nachlaß pr. Pfund; und Fuchs war damit zufrieden und fing auch zu verkaufen an. Gleich hernach überzeugte sich Staib bei Untersuchung des Schmalzes, daß es nicht schlecht, sondern ganz brauchbar sei, und schrieb deßhalb an Fuchs, er bleibe beim alten Preise von 22½ Kr. Fuchs hielt mit dem Verkaufe ein. Nach etwa 14 Tagen sendete Fuchs einen Freund zu Staib, um bei diesem den Kübel Schmalz zu untersuchen. Er fand es kaufmannsgut, worauf Staib ihm wiederholte, daß er den alten Preis fordere. Nach Verlauf weiterer 16 bis 18 Tage schrieb Fuchs an Staib, daß er das verkaufte Schmalz zu 21½ Kr. bezahlen wolle, das unverkaufte aber (die Hälfte) nicht behalten könne, da es schlecht und übelriechend sei,

---

*) Schwäbischer Merkur vom 20. April 1844. No. 108. S. 431 ff.

wie dies drei Seifensieder bescheinigt hätten. Staib wurde nun klagbar mit dem Behaupten, daß das Schmalz zur Verkaufszeit nicht schlecht gewesen sei, und daß Fuchs sich zu lange bei der Forderung des alten Preises beruhigt habe.

Des Verklagten Rechtsanwalt wendete ein, das Schmalz sei weder jetzt noch jemals früher kaufmannsgut gewesen, wie Zeugen und Sachverständige bestätigen würden; Verklagter habe allerdings auf den bewilligten Nachlaß von 1 Kr. die Hälfte verkauft, aber mit dem Verkaufe aufgehört, sobald Kläger wieder mehr gefordert habe. Er habe keineswegs hierzu 30 Tage geschwiegen, und dadurch sein Einverständniß erklärt, vielmehr einen Freund zu Kläger behufs Untersuchung des rückgesendeten einen Kübel abgeordnet. Zwar habe dieser das Schmalz für kaufmannsgut, jedoch für alt erklärt; und altes Schmalz sei stets tadelhaft. Die darauf erfolgte Uebersendung von dem Gutachten an Kläger sei Beweises genug, daß eine Zufriedenheit des Verklagten mit der Forderung des Klägers nicht vermuthet werden könne. Jetzt noch die Waare anzunehmen, sei Verklagter nicht verbunden; Kläger möge damit machen, was er wolle.

Außer den Rechtsanwalten nahmen die Parteien selbst noch verschiedentlich das Wort zur Ausführung ihrer Rechte.

Es wurden sodann auf der Stelle drei Sachverständige abgehört. Sie fanden, daß das Schmalz zur Zeit nicht mehr kaufmannsgut und nur 15 bis 16 Kr. werth sei; dagegen glaubten sie, es sei früher besser gewesen, habe durch das Lagern verloren und könne möglicherweise im November gut gewesen sein.

Nach zweistündiger Berathung verkündete der Präsident das Urtheil, nach welchem

1) die Forderung des Klägers auf Bezahlung des Schmalzes im Preis von 22½ Kr. pro Pfund verworfen,

2) Verkl. verurtheilt wurde, das gekaufte Schmalz zu 21½ Kr. zu bezahlen und den Betrag für den verkauften Theil mit Zinsen, den Betrag für den nicht verkauften Theil ohne Zinsen binnen 30 Tagen zu bezahlen,

3) die Kosten gemeinschaftlich zu tragen.

Die Gründe der Entscheidung wurden durch den Präsidenten sofort mündlich angegeben. (Dies geschieht auch bei uns im summarischen Prozeß.)

II. Das Stuttgarter Handels-Schiedsgericht. Sitzung am 8. Juni 1844 *).

Das Handlungshaus Jäger und Comp. in Messina tritt klagend auf gegen die Handlung Schäfer und Rooschütz in Stuttgart wegen Bezahlung von 1190 Fl. 15 Kr., und 68 Fl. 18 Kr. für bestelltes und geliefertes Manna.

Schäfer und Rooschütz hatten im Spätjahr 1843 bei Jäger und Comp. eine Partie Manna mit der ausdrücklichen Bestimmung bestellt, daß sie sich im Einkaufe nicht beeilen, vielmehr die niedrigsten Preise der Saison abwarten mögen. Kläger vollzogen den Auftrag, aber zu einem Ankaufspreise, welcher die Beklagten zur Verweigerung der Zahlung aus dem Grunde des nicht gehörig vollzogenen Auftrags veranlaßte. Die Verklagten beriefen sich nämlich auf die Notorietät, daß Kläger fast zu dem höchsten Preise der Saison eingekauft hätten, und meinten, daß dieselben als Sachverständige, „hätten sehen müssen, was alle andern Kaufleute gesehen;" sie schoben ihnen sogar den Eid darüber zu, „daß sie, Kläger, zur Zeit des Einkaufs nichts von dem Zurückgehen der Mannapreise gewußt hätten." Ueberdies sei der berechnete Einkaufspreis von einer Höhe, daß er immer zu den hohen gehöre, weßhalb die Wahrscheinlichkeit des Heruntergehens zur Zeit des Einkaufs ganz außer Frage gewesen sei. — „Streng genommen, hätten die Kläger gar nicht einkaufen dürfen, weil die frühern Preise niedriger gestanden, folglich dem Auftrage geradezu entgegen gehandelt sei," welcher die niedrigsten Preise der Saison vorschrieb.

Kläger nannten den Auftrag in dieser Auslegung einen „auf Schrauben gestellten," bestritten die Zulässigkeit des Eides in der angetragenen Art, und hielten überhaupt jede Einwendung der Beklagten um deßhalb für unzulässig, weil dieselben die Waare zu spät zur Disposition gestellt hätten. Die Nichtannahme sei nämlich erst mehrere Wochen nach Empfang der Faktura erklärt.

Es fand eine ausführliche Zeugenvernehmung Statt über die Manna-Ernte im Jahr 1843 nach Größe, Güte und Werth; ferner

*) Schwäbischer Merkur vom 10. Juni 1844 No. 156, S. 621; vom 11. Juni No. 157, S. 625 und vom 25. Juni No. 171 S. 681. Der Berichterstatter hat in diesen Darstellungen den Gegenstand des Prozesses mehr im Allgemeinen, seiner Gattung nach, bezeichnet, so daß namentlich der bestimmte Klageantrag fehlt. Der Fall ist aber vorzugsweise zur Mittheilung geeignet, weil die verhandelten Fragen spezielle Kenntnisse des Kaufmannsverkehrs erfordern.

über die leitenden Grundsätze der Spekulation in Manna; über das Verhältniß der Sicilianischen Grani zu den deutschen Gulden; sowie über die Beziehungen des Handelsplatzes Triest zu Messina, den Mannahandel betreffend *).

Auch hier entschied das Gericht nach einer zweistündigen Berathung sofort:

daß die Beklagten unter Verwerfung des Eidesantrages zu Bezahlung der klägerischen Forderung mit 5 Prozent Verzugszinsen, so wie in die Kosten und Sporteln von 7 Gulden und einigen Kreuzern zu verurtheilen **).

III. Das Handelsschiedsgericht zu Heilbronn. Sitzung vom 2. Juli 1844.

Das Handlungshaus J. L. Sperling in Heilbronn klagt gegen (den Fabrikanten?) W. Demmig aus Neugut in Posen wegen Vertragsverletzung ***).

Der klägerische Rechtsanwalt trug die Klage dahin vor, daß zwischen Kläger und Beklagtem ein Vertrag abgeschlossen worden, wornach Letzterer sich verpflichtete, Ersterem gegen Vergütung von 20 Louisd'or eine Oel-Filtrirmaschine einzurichten und Niemanden, wer es auch sei, in der Stadt Heilbronn und deren Weichbilde, unter keinem Vorwande, wie er auch gedacht werden könne, eine derartige Maschine weder selbst zu bauen, noch nach Beschreibung bauen zu lassen. Auf das Zuwiederhandeln gegen die letzte Bestimmung hat Demmig die Verbindlichkeit zum Ersatze des erweislichen Schadens eingegangen. Es hat aber Demmig nicht nur den H. H. G. A. Baumann und J. F. Langer, Ersterem in Heilbronn, Letzterem in Heuchlingen, ähnliche Maschinen geliefert, sondern steht auch

---

*) Man bedenke, welch' ein endloses Beweisresolut oder welch' entsetzlicher status causae et controversiae ohne Beisein von kaufmännischen Richtern hier nöthig geworden wäre!

**) Sieben Gulden Kosten für diesen Prozeß! Wenn das unsere Salarienkassen-Rendanten erfahren, wahrsagen sie mit Ueberzeugung den Staatsbankrott!

***) Schwäbischer Merkur vom 4. Juli 1844, No. 180, S. 717; vom 9. Juli No. 185, S. 737. Ich gebe hier den fast wörtlichen Abdruck, einmal um zu zeigen, wie dieser verwickelte Fall, der eine weitläuftige Beweisaufnahme erfordert, gleichwohl in Einer Sitzung beendet ist; dann aber, weil die Interessen vieler anderer Kaufleute zur Sprache kommen, und mir gerade an dem Nachweise gelegen ist, daß volle Oeffentlichkeit in Handelsbeziehungen vom Württemberger Handelsstande für unnachtheilig gehalten wird. Endlich möge der Berichterstatter seine Darstellungsweise selbst verantworten.

noch mit L. Hahn und J. L. Gsell hier wegen Lieferung solcher Maschinen in Unterhandlung. — Der Anwalt des Klägers führt aus, daß Demmig demselben die Maschine zur vollen Zufriedenheit gefertigt habe, allein je bedeutender auch die Vortheile der Demmigschen Bereitungsweise seien und je größere Vorzüge sie vor der früheren habe, desto größer sei auch der Nachtheil, der seinem Mandaten durch Konkurrenz zugehe, welche demselben durch das vertragswidrige Benehmen Demmigs geschaffen worden sei. Einerseits sei die Großartigkeit der Einrichtungen, die Kläger getroffen habe, darauf berechnet gewesen, daß ihm eine solche Konkurrenz nicht oder wenigstens nicht gleich im Anfange erwachse, andererseits sei es klar, daß es ein anderes sei, eine ausgezeichnete Waare allein zu besitzen, oder sie mit mehreren Konkurrenten zu theilen. Statt seiner bisherigen Einrichtungen auf die Verarbeitung von 1500 bis 2000 Centnern Oel sei er veranlaßt worden, Einrichtungen zu treffen, um das doppelte Quantum zu liefern. Diese Einrichtungen seien vorhanden, und können durch Sachverständige in Augenschein genommen werden. Durch die Mittheilung der Fabrikationsmethode an Andere seien ihm nun diese Einrichtungen nutzlos geworden. Dies in Betracht genommen und berücksichtigt, daß die vermehrte Konkurrenz in einem Artikel in doppelter Weise wirke, einmal, daß sie den Absatz der Waare vermindere, dann daß der Preis gedrückt werde, sei der Schaden-Ersatz, auf den er gegen Demmig klagte und den er zu 440 Fl. anschlage, gewiß nicht zu hoch gegriffen. Er bitte daher, Demmig 1) in die geforderten 440 Fl. zu verurtheilen, 2) auf das Honorar bei Gsell und Hahn für die Demmigschen Einrichtungen zu seinen Gunsten Beschlag zu legen, da Demmig, indem er sein Geheimniß an ihn verkauft habe, und es sein Eigenthum geworden sei, es hier (in Heilbronn) auf dem Platze weiter mitzutheilen nicht mehr das Recht habe, 3) ihm das Weiterverbreiten seiner Fabrikationsmethode hier zu untersagen und 4) den Beklagten in die Kosten zu verurtheilen. Der Anwalt des abwesenden Verklagten erkennt den Vertrag an; er erkennt ferner an, daß der Beklagte an Baumann und an J. F. Langer ähnliche Maschinen geliefert habe, allein sein Mandant habe sich nicht streng an den Vertrag gebunden geglaubt, weil auch Kläger seinen Verpflichtungen nicht nachgekommen sei. Er habe die im Vertrage mit demselben stipulirten zwanzig Louisd'or für Ausstellung einer Oelfiltrirmaschine zwar erhalten, allein in diesem Honorar sei das dem Filtriren vorhergehende Oelreinigen, welches er seinen Gegner auch gelehrt habe, nicht mitbegriffen gewesen. Für letzteres habe er nichts erhalten, obgleich es ihm sonst stets besonders honorirt worden sei. Außerdem habe er eine Reise für ihn nach Frankfurt gemacht, um die für die Maschine nöthigen Hahnen und Schrauben anzukaufen, und auch hiefür nichts erhalten. Uebrigens sei seine Filtrirmethode nicht von der Bedeutung, die ihr Kläger beizulegen scheine; sie sei blos bequemer, als die bisherige. Auch wolle er dem Vertrage dadurch entsprechen, daß er Baumann bestimme, seine Maschine gegen die Kosten heraus zu geben und nicht mehr zu benutzen. Die für Langer gefertigte Maschine sei in Neckarsulm gemacht und in Heuchlingen aufgestellt, und es sei somit hierin keine Vertragsverletzung vorhanden. An Gesell und Hahn habe er keine Maschinen geliefert und auch keine Verbindlichkeit zur Lieferung eingegangen. Er wolle dem Kläger den erweislichen Schaden ersetzen; wenn derselbe sich jedoch von vornherein auf einen falschen Standpunkt gestellt und sich in Erwartuug eines viel größern Absatzes auf großartige Bau-Einrichtungen eingelassen habe, so habe er sich einer Täuschung hingegeben, für deren Folgen er, Beklagter, nicht stehen könne. Was die größere Konkurrenz betreffe, die ihm durch Fertigung der Apparate an Andere erwachsen sei, so wäre ihm diese auch bei der alten Einrichtung geworden, da sein, des Klägers, Herabsetzen des Lohnes für's Oelreinigen von 2 fl. auf 1 fl. 30 kr. die Folge gehabt habe, daß auch seine Konkurrenten, ohne seine Einrichtung zu haben, den gleichen Preis stipulirten. Allein selbst zugegeben, sein Mandant habe den Vertrag verletzt, so stehe dem Kläger kein Recht zu, die §§. 151, 152 der Gewerbeordnung, die er für sich in Anspruch genommen habe, anzusprechen. Wenn er sich auch in Betreff der Oelfiltrirmethode innerhalb der Gränzen des Vertrages halte, so könne dies die Methode des Oelreinigens nicht berühren, weil deren im Vertrag nicht erwähnt sei.

Der klägerische Anwalt erwiederte: der Angeklagte suche das Oelfiltriren von dem Oelreinigen zu trennen, allein dem müsse er widersprechen: ohne letzteres könne sein Mandant die schöne Waare nicht gewinnen, und für ersteres allein würde er ihm kein so hohes Honorar bezahlt haben. Er schlägt vor, daß Sachverständige sich hierüber aussprechen; und nach einer gediegenen Auseinandersetzung über die Bedeutung der Konkurrenz, glaubt er, daß die Schiedsrichter als Kaufleute am besten im Falle sein möchten, über den seinem Mandanten hierin erwachsenen

Schaden zu urtheilen. — Die an die Experten von dem Schiedsgericht gestellten Fragen waren ungefähr folgende: „Sind die zwei Geheimnisse Demmigs: seine Oelfiltrir- und seine Oelreinigungsmethode, als wesentlich zusammengehörend zn betrachten, oder kann jedes einzeln für sich bestehen? Ist das Oelfiltriren allein von Nutzen, und von welchem, gegenüber der ältern Methode? ebenso die Oelreinigung? Welches ist der Nutzen der kombinirten Methoden?" Das Gutachten sprach sich dahin aus: „Demmigs beide Verfahren sind nicht als zusammengehörend zu betrachten, jedes kann einzeln für sich bestehen. Wenn beide zusammen angewendet werden, sind sie von mehr Vortheil, als wenn blos ein Theil in Verbindung mit der ältern Methode angewendet wird. Demmigs Verfahren bietet folgende Vortheile: 1) Nimmt es wenig Raum ein; 2) kann in gleicher Zeit viermal so viel filtrirt werden, als früher bei gleich großer Einrichtung und in gleicher Zeit; 3) sind die Kosten des Filtrirens geringer, als bei der alten Methode." Alle Umstände zusammengenommen, glauben die Experten den Nutzen des Demmigschen Verfahres auf 25 Prozent auf die Fabrikationskosten anschlagen zu dürfen, wovon zwei Drittheile auf die Filtrirmaschine kommen mögen. — Das Zeugenverhör ergab: „Langer: Die mir gefertigte Maschine wurde in Neckarsulm gemacht, ist für Rüböl und kostet etwa 30 fl. Hahn: Demmig hat mir noch keine Maschine gefertigt; ich bin noch nicht einig mit ihm. Gsell: Eine Maschine besitze ich von Demmig noch nicht, doch sind einige vorbereitende Arbeiten geschehen; die Methode des Reinigens hat er mich gelehrt; doch finde ich hiebei bei kleinen Proben noch keine besonderen Vortheile. Die Konstruktion der Maschine kenne ich nicht, und wenn er sie mir nicht herstellt, zahle ich ihm für sein Geheimniß des Oelreinigens auch nichts." — Hierauf ergreift der klägerische Anwalt wieder das Wort: Langer besitze keine Oelmühle in Heuchlingen, sondern lasse sein Oel blos dort schlagen; sein Magazin habe er hier (in Heilbronn); seine Verkäufe geschehen von hier aus; auch habe Langer schon früher angegeben, daß er noch nicht wisse, ob er die Maschine in Heuchlingen oder hier aufstelle. Der Beklagte behaupte: der Vertrag sei auch von Kläger nicht gehalten worden, weil Demmig ihn das Oelreinigen gelehrt habe und nicht besonders dafür honorirt worden sei. Demmig habe hiefür nie etwas verlangt; der Vertrag besage nichts, und somit sei von Seite des Klägers keine Vertragsverletzung vorhanden. Laut dem vorgelesenen Vertrag mit Langer und Anderen sei das Oelreinigen nie besonders honorirt worden, als von selbst dazu gehörend. Was die Reise nach Frankfurt betreffe, so sei es richtig, daß er dieselbe gemacht habe, um 3—4 Hahnen für ungefähr 15 fl. anzukaufen, welcher Betrag ihm ersetzt wurde; allein einen Auftrag zu der Reise habe er nicht gehabt. Der Beklagte sage, die Maschine biete wenig Vortheile, und er hätte nicht vermuthen können, daß der Kläger Werth auf den Vertrag lege, weil die Bestimmungen des Vertrags doch leicht hätten umgangen werden können; das heiße also mit anderen Worten: ich schade dir direkt, weil dir indirekt doch geschadet werden kann. Auf die Zurückgabe der Maschine von Baumann lege Kläger keinen Werth, weil demselben die Konstruktion nun einmal schon bekannt sei und er sich leicht eine andere anfertigen könne; auch habe Demmig Baumann zu der Bereitwilligkeit der Rückgabe bloß durch das Versprechen vermocht, ihm eine bessere Maschine dafür liefern zu wollen. Demmig sei zu Krafft gekommen, habe ihm Oelproben gezeigt und dabei erklärt, mit seiner Einrichtung sei er im Stande, ein gleiches Oel zu liefern. Dieses Oel sei viel schöner als das alte, und wenn auch die Konkurrenten den Preis desselben herabgesetzt hätten, so würde man dem neuern doch den Vorzug geben. — Da Hahn und Gsell keine Maschinen erhalten haben, so verzichte er darauf, die Honorare von denselben mit Beschlag zu belegen; er bitte jedoch, dem Beklagten aufzulegen, die Maschinen, die er zu fertigen angefangen habe, nicht vollenden zu dürfen, die Anfänge zu vernichten und ihn für nicht berechtigt zu erklären, hierorts seine Methode weiter zu verbreiten.

Nach einigen weiteren mündlichen Vorträgen von beiden Parteien traten die Richter ab, und nach zweistündiger Berathung wurde von dem Präsidenten folgendes Urtheil verkündigt, von welchem der Berichterstatter jedoch nur einen Auszug dahin gibt;

daß der Beklagte schuldig sei, dem Kläger wegen des ihm durch Vertragsbruch zugefügten Schadens 330 fl. baar zu bezahlen, daß er seine Oelfiltrirmethode in Heilbronn nicht weiter verbreiten, noch eine solche Maschine bauen lassen dürfe, daß der Kläger mit dem übrigen Theil der Klage abzuweisen und die Kosten von 9 fl. je zur Hälfte von beiden Parteien zu tragen seien.

Bei der Handelskammer zu Ulm war bis zum 19. Juli vorigen Jahres kein Rechtsstreit vorgekommen. Mir liegt aber nur bis zu diesem Tage der Schwäbische Merkur vor; ich hatte ihn, wie im Vorwort bemerkt, gleich nach Erscheinung der Verordnung über den Handelsrath verschrieben. Die aufgeführten drei Fälle werden indessen genügen, auch diejenigen Kaufleute für die Oeffentlichkeit zu gewinnen, welche ihr bisher etwa noch abhold gewesen sein möchten. **Ohne Oeffentlichkeit kein Handelsgericht!**

Anmerkung. Der Buchhändler-Verein in Stuttgart hat bereits früher öffentliches Schiedsgericht gehalten. Die erste Sitzung fand am 17. Januar 1843 Statt. Die Parteien waren die Buchhandlungen Ebner und Seubert wider J. F. Steinkopf. Den Gegenstand des Streites bildete das von erster Buchhandlung verlegte Werk: „Neuestes Kochbuch für bürgerliche Haushaltungen, herausgegeben von Henriette Löffler. Stuttgart 1843" Die Buchhandlung J. F. Steinkopf hatte in öffentlichen Blättern die Anschuldigung erhoben, dieses Werk sei ein Nachdruck des von ihr verlegten „Oekonomischen Handbuchs für Frauenzimmer", bekannt unter dem Namen des „Löfflerschen Kochbuchs", das bei ihr 1840 in 5ter Auflage erschienen war. Wegen dieser öffentlichen Anschuldigung klagten Ebner und Seubert auf öffentlichen Wiederruf und Schadensersatz von 300 fl. Verklagte erhoben Widerklage auf Aufhebung der Täuschung durch Aenderung des Titels und auf Schadensersatz, weil ihnen der Absatz geschmälert sei. Auch hier erfolgte sofortige Entscheidung.

S. die Entscheidung und das Nähere des Prozesses im Schwäbischen Merkur, Beilage zu Nr. 18 und 19 vom 18/20 Januar 1843; und ausführlicher noch in der Süddeutschen Buchhändler-Zeitung vom 23. Januar 1843 Nr. 4. S. 26 und vom 30. Januar Nr. 5 S. 32.

Berlin, gedruckt bei J. Petsch.

Kolibri 360 GmbH
Ferdinand-Jühlke-Straße 7
99095 Erfurt, Deutschland
produktsicherheit@kolibri360.de